海上絲綢之路基本文獻叢書

瀛寰譯音異名記（一）

〔清〕杜宗預 編

文物出版社

圖書在版編目（CIP）數據

瀛寰譯音異名記．一／（清）杜宗預編．-- 北京：文物出版社，2022.7
（海上絲綢之路基本文獻叢書）
ISBN 978-7-5010-7703-8

Ⅰ．①瀛… Ⅱ．①杜… Ⅲ．①歷史地名－世界－古代 Ⅳ．①K916

中國版本圖書館 CIP 數據核字（2022）第 097143 號

海上絲綢之路基本文獻叢書

瀛寰譯音異名記（一）

編　　者：〔清〕杜宗預
策　　劃：盛世博閱（北京）文化有限責任公司

封面設計：鞏榮彪
責任編輯：劉永海
責任印製：張道奇

出版發行：文物出版社
社　　址：北京市東城區東直門内北小街 2 號樓
郵　　編：100007
網　　址：http://www.wenwu.com
經　　銷：新華書店
印　　刷：北京旺都印務有限公司
開　　本：787mm×1092mm　1/16
印　　張：16.25
版　　次：2022 年 7 月第 1 版
印　　次：2022 年 7 月第 1 次印刷
書　　號：ISBN 978-7-5010-7703-8
定　　價：98.00 圓

總緒

海上絲綢之路，一般意義上是指從秦漢至鴉片戰爭前中國與世界進行政治、經濟、文化交流的海上通道，主要分爲經由黄海、東海的海路最終抵達日本列島及朝鮮半島的東海航綫和以徐聞、合浦、廣州、泉州爲起點通往東南亞及印度洋地區的南海航綫。

在中國古代文獻中，最早、最詳細記載『海上絲綢之路』航綫的是東漢班固的《漢書·地理志》，詳細記載了西漢黄門譯長率領應募者入海『齎黄金雜繒而往』之事，書中所出現的地理記載與東南亞地區相關，并與實際的地理狀況基本相符。

東漢後，中國進入魏晉南北朝長達三百多年的分裂割據時期，絲路上的交往也走向低谷。這一時期的絲路交往，以法顯的西行最爲著名。法顯作爲從陸路西行到印度，再由海路回國的第一人，根據親身經歷所寫的《佛國記》（又稱《法顯傳》）一書，詳細介紹了古代中亞和印度、巴基斯坦、斯里蘭卡等地的歷史及風土人情，是瞭解和研究海陸絲綢之路的珍貴歷史資料。

隨着隋唐的統一，中國經濟重心的南移，中國與西方交通以海路爲主，海上絲綢之路進入大發展時期。廣州成爲唐朝最大的海外貿易中心，朝廷設立市舶司，專門管理海外貿易。唐代著名的地理學家賈耽（七三〇～八〇五年）的《皇華四達記》記載了從廣州通往阿拉伯地區的海上交通『廣州通夷道』，詳述了從廣州港出發，經越南、馬來半島、蘇門答臘半島至印度、錫蘭，直至波斯灣沿岸各國的航綫及沿途地區的方位、名稱、島礁、山川、民俗等。譯經大師義净西行求法，將沿途見聞寫成著作《大唐西域求法高僧傳》，詳細記載了海上絲綢之路的發展變化，是我們瞭解絲綢之路不可多得的第一手資料。

宋代的造船技術和航海技術顯著提高，指南針廣泛應用於航海，中國商船的遠航能力大大提升。北宋徐兢的《宣和奉使高麗圖經》詳細記述了船舶製造、海洋地理和往來航綫，是研究宋代海外交通史、中朝友好關係史、中朝經濟文化交流史的重要文獻。南宋趙汝適《諸蕃志》記載，南海有五十三個國家和地區與南宋通商貿易，形成了通往日本、高麗、東南亞、印度、波斯、阿拉伯等地的『海上絲綢之路』。宋代爲了加强商貿往來，於北宋神宗元豐三年（一〇八〇年）頒佈了中國歷史上第一部海洋貿易管理條例《廣州市舶條法》，并稱爲宋代貿易管理的制度範本。

元朝在經濟上採用重商主義政策，鼓勵海外貿易，中國與歐洲的聯繫與交往非常頻繁，其中馬可•波羅、伊本•白圖泰等歐洲旅行家來到中國，留下了大量的旅行記，記録元代海上絲綢之路的盛况。元代的汪大淵兩次出海，撰寫出《島夷志略》一書，記録了二百多個國名和地名，其中不少首次見於中國著録，涉及的地理範圍東至菲律賓群島，西至非洲。這些都反映了元朝時中西經濟文化交流的豐富内容。

明、清政府先後多次實施海禁政策，海上絲綢之路的貿易逐漸衰落。但是從明永樂三年至明宣德八年的二十八年裏，鄭和率船隊七下西洋，先後到達的國家多達三十多個，在進行經貿交流的同時，也極大地促進了中外文化的交流，這些都詳見於《西洋蕃國志》《星槎勝覽》《瀛涯勝覽》等典籍中。

關於海上絲綢之路的文獻記述，除上述官員、學者、求法或傳教高僧以及旅行者的著作外，自《漢書》之後，歷代正史大都列有《地理志》《四夷傳》《西域傳》《外國傳》《蠻夷傳》《屬國傳》等篇章，加上唐宋以來衆多的典制類文獻、地方史志文獻，集中反映了歷代王朝對於周邊部族、政權以及西方世界的認識，都是關於海上絲綢之路的原始史料性文獻。

海上絲綢之路概念的形成，經歷了一個演變的過程。十九世紀七十年代德國地理學家費迪南・馮・李希霍芬（Ferdinad Von Richthofen，一八三三～一九〇五），在其《中國：親身旅行和研究成果》第三卷中首次把輸出中國絲綢的東西陸路稱爲『絲綢之路』。有『歐洲漢學泰斗』之稱的法國漢學家沙畹（Édouard Chavannes，一八六五～一九一八），在其一九〇三年著作的《西突厥史料》中提出『絲路有海陸兩道』，蘊涵了海上絲綢之路最初提法。迄今發現最早正式提出『海上絲綢之路』一詞的是日本考古學家三杉隆敏，他在一九六七年出版《中國瓷器之旅：探索海上的絲綢之路》中首次使用『海上絲綢之路』一詞；一九七九年三杉隆敏又出版了《海上絲綢之路》一書，其立意和出發點局限在東西方之間的陶瓷貿易與交流史。

二十世紀八十年代以來，在海外交通史研究中，『海上絲綢之路』一詞逐漸成爲中外學術界廣泛接受的概念。根據姚楠等人研究，饒宗頤先生是華人中最早提出『海上絲綢之路』的人，他的《海道之絲路與昆侖舶》正式提出『海上絲路』的稱謂。選堂先生評價海上絲綢之路是外交、貿易和文化交流作用的通道。此後，大陸學者馮蔚然在一九七八年編寫的《航運史話》中，使用『海上絲綢之路』一詞，這是迄今學界查到的中國大陸最早使用『海上絲綢之路』的人，更多地限於航海活動領域的考察。一九八〇年北京大學陳炎教授提出『海上絲綢之路』研究，并於一九八一年發表《略論海上絲綢之路》一文。他對海上絲綢之路的理解超越以往，且帶有濃厚的愛國主義思想。陳炎教授之後，從事研究海上絲綢之路的學者越來越多，尤其沿海港口城市向聯合國申請海上絲綢之路非物質文化遺産活動，將海上絲綢之路研究推向新高潮。另外，國家把建設『絲綢之路經濟帶』和『二十一世紀海上絲綢之路』作爲對外發展方針，將這一學術課題提升爲國家願景的高度，使海上絲綢之路形成超越學術進入政經層面的熱潮。

與海上絲綢之路學的萬千氣象相對應，海上絲綢之路文獻的整理工作仍顯滯後，遠遠跟不上突飛猛進的研究進展。二〇一八年厦門大學、中山大學等單位聯合發起『海上絲綢之路文獻集成』專案，尚在醞釀當中。我們不揣淺陋，深入調查，廣泛搜集，將有關海上絲綢之路的原始史料文獻和研究文獻，分爲風俗物産、雜史筆記、海防海事、典章檔案等六個類别，彙編成《海上絲綢之路歷史文化叢書》，於二〇二〇年影印出版。此輯面市以來，深受各大圖書館及相關研究者好評。爲讓更多的讀者親近古籍文獻，我們遴選出前編中的菁華，彙編成《海上絲綢之路基本文獻叢書》，以單行本影印出版，以饗讀者，以期爲讀者展現出一幅幅中外經濟文化交流的精美畫卷，爲海上絲綢之路的研究提供歷史借鑒，爲『二十一世紀海上絲綢之路』倡議構想的實踐做好歷史的詮釋和注脚，從而達到『以史爲鑒』『古爲今用』的目的。

凡例

一、本編注重史料的珍稀性，從《海上絲綢之路歷史文化叢書》中遴選出菁華，擬出版百册單行本。

二、本編所選之文獻，其編纂的年代下限至一九四九年。

三、本編排序無嚴格定式，所選之文獻篇幅以二百餘頁爲宜，以便讀者閱讀使用。

四、本編所選文獻，每種前皆注明版本、著者。

五、本編文獻皆爲影印，原始文本掃描之後經過修復處理，仍存原式，少數文獻由於原始底本欠佳，略有模糊之處，不影響閱讀使用。

六、本編原始底本非一時一地之出版物，原書裝幀、開本多有不同，本書彙編之後，統一爲十六開右翻本。

目録

瀛寰譯音異名記（一）

瀛寰譯音異名記（一）

序至卷二

〔清〕杜宗預 編

清光緒三十年鄂城刻本

瀛寰譯音異名記

光緒甲辰
栞于鄂城

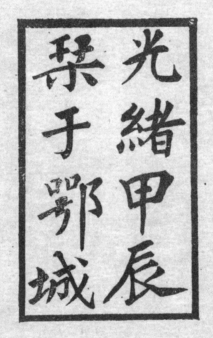

同郡杜君武丞十年前以文選
古字通餉我知為好古之士又
嘗來談班酈以下地理娓娓可
聽深服其用力之勤實吾鄉
舊學翹楚頃之又以瀛寰譯音
異名記囑余為弁言乃知武

丞博涉中外口不談新學而
所述如此余維前明陳士元有
諸史譯語茅元儀有華夷
譯語國朝陸圻有八紘譯
史大抵皆日用飲食之需未
嘗即其國之方隅異同而一一

詳著之今海禁大開五洲之
人麕集於市於是翻譯各國
書者汗牛充棟然粵人所譯為
粵音閩人所譯為閩音推之齊
楚晉豫莫不皆然其中差互
有未盡可以同聲字母求之者

初學望洋何遽能知羅馬即
大秦土耳其即突厥乎西山川
之險夷道途之遠近更茫乎其
若迷全武丞考之於書徵之於
圖凡輶軒絕代之方言輕重緩
急之口吻莫不彙集比附歸

之一致使讀者省翻檢之勞
無佶屈之苦真可謂啓鑰治夢
之良書也余常恨自史漢以來
所載殊域地理今多不能實指
其地並博訪周諮未必不可得
其崖略武丞其有意乎

光緒甲辰嘉平月宜都楊守敬
序於鄂城菊灣寓廬

瀛寰譯音異名記凡例

一是編不錄中土者人盡宜知無所謂異同也日本高麗用漢文異同絕少故亦不載

一是編上數卷錄國部城地各島附焉下數卷錄山水海地土角附焉國部城地中間有牽連山水土角處令閱者便於檢省

一是編山水海地有分隸之處如一阿耳魄士山始見於瑞士繼見於奧斯馬加續見於意大利法蘭西一來因河始見於瑞士繼見於德意志續見於比利時荷蘭一黑海始見於高加索繼見於東西

土耳其續見於俄羅斯之類
一是編鈎對圖書多至百種然土音不同卽譯音各異斷難搜校無漏故旣甄錄異名尤必詳說地勢於方位險要商埠土產及各國領地均綴簡要數語令閱者按圖鈎索藉識大概冀以補助中小學堂輿地之用
一是編標首名目不主一書以譯音隨土音而異不能執一參互錯舉卽輾轉鈎貫之意臚列書圖亦不分先後因譯者所據之本不能定其孰先後也彼此方位雖同而難確信其脗合者則設疑詞以

待來哲

一是編採錄圖書多取近代新譯各種晚出多佳知今尤要故也

一是編專爲普通地學看圖起見故小邑小城未及詳攷

一輿地與史學相關是編甄錄西史遇關緊要政務紀述一二語以爲西政初導

一省府州縣皆譯者假中國名目以定彼地又言人人殊本不足據是編不專設此等名號必有確本足證始列下方其小邑小鎮不能確指者遵各圖

著圈著點例統以城字括之

一是編專考譯音不載經緯度數

一是編甄採圖書俱通行本各種名辭定有來歷茲姑不詳究自出以歸簡淨

一是編引用各圖書首章列全名以下多舉一二字括之如瀛寰志略但稱志略製造局大圓球圖但稱圓球圖之類瀛寰全志與地理全志易相混是編引地理全志舉全名

一各國立國始末具有專書是編但載關繫輿地上政治

瀛寰譯音異名記卷一　國部城地　南洋　附海島　亞州

松滋杜宗預編

西比利亞城地所在 西南領地占中亞細亞境

西比利亞

俄遊彙編作悉畢爾．俄史作西百利．朔方備乘作錫伯利．泰西新史作西伯里亞．日本漢文圖作西伯利阿．俄人統呼爲西悉畢爾．即東俄羅斯．近烏拉嶺者爲西悉畢爾．接東海者爲東悉畢爾．

多波勒斯克省

瀛寰志略作德波爾斯科．俄遊彙編作拖波爾司克．胡文忠圖作託博耳和屯．括地略．作海波爾斯科．稱西北近烏拉山．萬國圖作託博耳士克漢文圖作拖保耳斯克．世界地學作脱毋鉢士州外國地理作駝末斯古州．稱有大學校及金坑城名同．貼近俄比河．

拖木士克省

括地略作可慕斯科世界地理學作脫姆士州漢文圖作叨母司克西洋史要作託木斯克一作託穆爾司克胡文忠圖作託穆斯歸和屯平方圖作多木斯科志略則作痾慕斯科稱又名東色地望近阿爾泰山城名同在託穆河上以上稱西西比利亞

埜尼塞司克省

圖理琛記作伊聶謝胡文忠圖作惹尼色斯歸和屯萬國圖作煙尼塞士克沿革圖作葉尼塞斯科平方圖作耶呢色斯克世界地學作耶尼設漢文圖作厓尼賽司克又名克拉斯那也城名同值拖木士克東北以河名

古耳資省

胡文忠圖作伊爾古斯歸和屯平方圖作伊爾庫次克云即義爾古德斯科括地略作義古斯科漢

文圖作伊爾克古大圓球圖作歐庫資克世界地學作以路庫府萬國圖作額爾庫特士克外國地理作伊路籬籬稱爲皮毛中心地一作伊爾古特慈爲東西比利亞繁劇之省地較中俄總督治焉城同名建於安噶拉卽昂噶拉河上游

雜拜噶爾司克省

萬國圖作特蘭士拜喀爾平方圖作薩拜喀勒漢文圖作特蘭斯拜開耳城名治台萬國圖作蚩塔世界地學作契塔伯利探路記作乞塔外國地理作其也古他稱與買賣城接志略則作甲他云卽恰克圖在貝加部東陰葛達卽敖嫩河上

阿穆爾斯司克省

萬國圖作阿摸阿平方圖作阿穆尒省世界地學作阿姆爾州俄人呼爲暗木条卽黑龍江也城名布拉郭悅式壓司克支那沿革圖作不拉照夫琛斯科萬國圖作勃剌果夫琛士克大圓球圖作

西北利　一

伯拉格夫琛斯克採路記作不拉好為十親四克一名把拉云省斯克稱在黑河東世界地學作布拉哥比琴府稱為鐵道綫路後必繫昌之所即海蘭泡與中國愛琿城僅隔一河東北城名尼哥來弗斯克萬國圖作尼科剌夫士克採路記作利格來斯克大圓球圖作剔考來夫斯克一作尼顆拉耶務司克即廟爾隔海峽即薩噶連島　海蘭泡乃吾華江省屬地

卜里摸爾司克省

西征紀程作白曡羅斯科一作撇爾摸列省城名哈巴羅夫士克漢文圖作哈巴羅夫喀平方圖作哈巴羅甫喀世界地學作哈巴蒼布卡府俄人名曰克薄諾付亦稱東海濱省即伯利為俄首得吾華地方在烏蘇里江入黑龍江處　又有依札地方俄名沙費斯克為伯利廟爾水路之衝俄初於奇吉設立重鎮名馬林義斯克平方圖作馬隆斯克而烏蘇里江上源與凱湖下游有城曰海參葳俄人謂之浦鹽斯德地學會圖作烏拉地俄斯德亦名那吉窪斯託克水曲入處名彼得大帝灣

外國地理稱爲日本海第一艮港泊萬艘海參葳吾華吉省屬地

雅庫次克省

胡文忠圖作惹鞥斯歸和屯華人訛呼月空國萬國圖作雅庫特士克漢文圖作亞克期克西洋史要作雅固資克世界地學作亞庫府平方圖作亞古德斯科一作亞古特慈克城名同西南別一城曰俄勒民士克漢文圖作烏列克名斯克大圓球圖作俄來克明斯克一作俄烈克明司克二城距來那江均不遠值古耳資省東北

哦霍特茨克省

平方圖作鄂霍次克萬國圖作俄何特士克漢文圖作痾哥德斯克西洋史要作俄科資克大圓球圖作俄考斯克括地略作亞哥斯科地濱東海俄設總管頭目於此

喀米槎得

志略作圖札德加部東省稱魚皮韃子朔方備乘作甘查甲萬國圖作堪察加世界地學作堪察加半島地理問答作干作德嘎外國地理作家末察家稱盛漁業大圜球圖作喀母喀特煞俄濱東海一大土富火山中有上堪察次克下堪察次克二城

楚克栖

平方圖作楚克池士萬國圖作楚克畨士東抵白令海峽爲西比利亞極東北隅 以上均東西比利亞

思斯革省

志略稱爲多木斯科又作多僕搭地略作都木斯科萬國圖作俄木士克平方圖作痾慕斯克一作倭木司克一作士木士克在阿克摸林省東北仙米帕拉停司克西北俄總管駐處

仙米帕拉停司克省

沿革圖作舍密列眞斯科州萬國圖作塞密波拉廷士克平方圖作塞彌巴拉敦斯克漢文圖作賽密拔拉廷士克城名同在額爾雞斯河上東接中國科布多阿爾泰大山亦有在其界內者

阿克摸林省

萬國圖作阿克麽林士克大圓球圖作阿婁奴淺斯克平方圖作亞克摩倫士克城名同建於伊實穆河上在思斯革省西南

土耳該司克省

萬國圖作土爾塞地學會圖作土耳階城名同在阿克摸林省西當烏拉嶺東麓大圓球圖但繒吐耳該江又西有城名乞爾嘰子即元時乞里古思大圓球圖作給耳基斯塔塔斯世界地學作幾爾克士稱在中亞細亞北

烏拉爾士克省

地學會圖作烏拉部萬國圖作烏拉土克大圓球圖作烏拉斯克城名同以烏拉山及烏拉河而名在裏海東北隅土耳該司克西以上稱中亞細亞俄領

附島

薩哈連島

胡文忠圖作庫頁島探路記作庫葉萬國圖作薩噶連平方圖作撒加稜大圓球圖作薩噶里恩世界地學作樺太一作唐太括地略作固列與尼哥來弗僅隔韃韃海峽島內有山產煤俄人名曰沙哈林發重犯開掘南有山頭名昔列託科北有山頭名巴剌諾瓦

力阿科夫羣島

漢文圖作新西比利亞島平方圖作諾氐西畢尒島云即新西伯利亞大圓球圖作力阿固夫島在勒納河口又東北即胡文忠圖之伊箓三布拉

泰慕爾半島

萬國圖作泰慕阿隅平方圖作臺麥爾地臂漢文圖作臺莫爾半島，世界地學作太姆爾半，島與牛西島隔卡拉海遙遙相對島東北，即色斐羅角。

亞爾馬半島

平方圖作羅甫，文作雅馬利島，大圓球圖於是處載有阿麻里角，此島值俄比河出口之俄比灣西北。

牛西島

地學會圖云即新地島，地理問答作挪法森伯拉羣島大圓球圖作森伯拉，即世界地誌之那維亞與東布辣島，在卡拉海西北島最北處，即冰角。 互見俄國內。

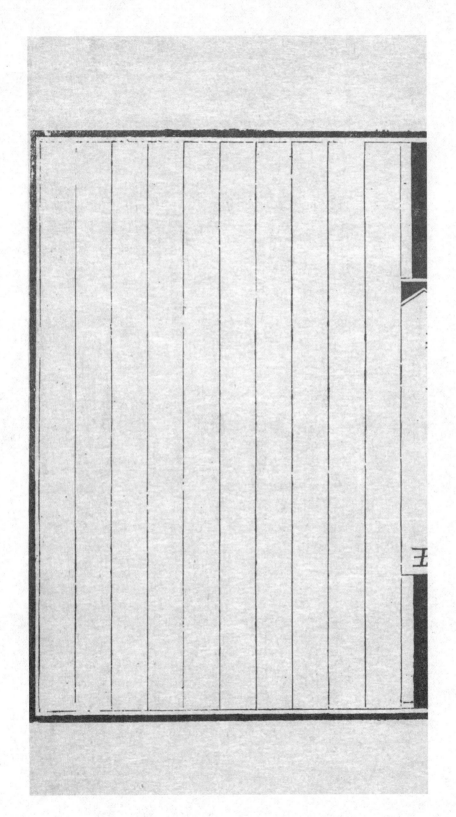

西域回部城地所在 亦稱中央亞細亞

達爾給斯丹

志略作韃韃里歐州人稱韃靼萬國圖作德其土丹大圓球圖作吐耳啓斯坦日本漢文圖作土耳其斯坦濱裏海地作吐耳科麻尼阿日本新刻地球圖作吐耳伊司坦或曰都魯機或曰土耳其炭在新疆葱嶺西裏海東近多爲俄蠶食置省郡此西域諸回部總名也

布哈爾

元史地志作阿八哈爾明史作卜花爾志略又作札布亦作申不萬國圖作布哈拉外國地理作怕何拉一作卡哈臘地理問答作波嘎拉稱爲西域京城古時突厥人初居此地泰西新史謂之博卡喇稱其國名布喀喇者是也世界地學作薄加拉郎波哈拉東接巴達克山東南連北印克什米爾南界阿富汗北接浩罕游牧匝阿母河兩岸回部大國抱鹹海而達裏海俄因英得印度先取此土

及機
窪

浩罕

胡文忠圖作蒿漢萬國圖作霍罕大圓球圖作科
刊泰西新史作苦堪地理問答作哥干一作敖罕最
處納林河濱西南連布哈爾東南連布魯特其最
東地爲安集延胡文忠圖作安濟彥光緒元年俄
以霍罕不服取其全土名曰費爾干省一作
非蘭尓罕浩革圖作北爾肯州省南卽蔥嶺

撒馬兒罕

卽唐書康國西域記颯秣建元史尋思干胡文忠
圖作薩馬尓罕漢文圖作撒瑪尓汗地理問答作
散馬干世界地學作薩馬若斡外國地理作哂馬
路更印度劄記作賽馬尓罕一作撒瑪干故城元
人置在浩罕城西南
有省曰褋拉夫山

機窪

俄史作紀伐地理問答作基法大圓球圖作基發日本漢文圖作基幸新刻圓球圖作紀法一作希窪値布哈爾西北在鹹海裏海間城郎建於鹹海南有省名阿母達利耶平方圖作阿母達里亞地學會圖作阿穆達林與之逼近

塔什干

唐史稱石國明史作塔什罕大圓球圖作塔施刊得世界地學作塔休鏗泰西新史作他侈强云俄昔自布哈爾來占在浩罕西北毘連哈薩克右部介哈薩克浩罕之弱小國也其省名希爾達利亞平方圖作錫尒達里亞俄總管駐處踰錫爾納林兩河西南行又西行可達鹹海

布魯特

聖武記作厄魯特西洋史要作科肯特一作土爾克綿宜郎大圓球圖暨漢文圖之吐耳科麻尼阿也分東西二部西部在葱嶺西與哈薩克浩罕巴善克山毘連東部在天山北準部西南舊游牧於

特穆圖泊．光緒二年俄取其地歸裏海鹹海間號曰雜喀思拔斯地學會圖作薩喀斯比斯克部．平方圖作薩哈斯比．

哈薩克

一作可薩克．分左右二部．北界俄羅斯屬地．東南界伊犁西南界塔什干浩罕布魯特諸部．乾隆朝左部曾助擒阿睦爾撒納黨．

拔達克山

元曰巴達哈傷明曰八荅黑商．朔方備乘作巴達克山大圓球圖作巴達克善印度劄記作巴達克珊蔥嶺西西南城郭回部距葉爾羌千有餘里．北方城曰窩罕一作斡罕尚未爲俄滅乾隆朝曾函霍集占首以獻

博羅爾

西域記作波謎羅西圖譯爲博彌爾印度紀記又作邊達歌亞云唐元奘由此過印度河即一統志之博洛爾稱爲漢烏秅國地者值拔達克山南城郭回部未隸俄

乾竺特

志略又作退擺特胡文忠圖作喀楚特舊邊記作坎巨提値葉爾羌南接後藏俗拜火西征紀程稱値茂斯台山峽之西括地略稱爲游牧國

巴勒提

佛國記作陀歷西域記作鉢露羅志略又作巴尒替一作喀拉替艮在博羅爾南西征紀程謂由其境度印度河可至克什米爾地多滅入焉屬地名哈普徧俗與安集延同以上均俄領惟拔達克與博羅爾尙未全歸

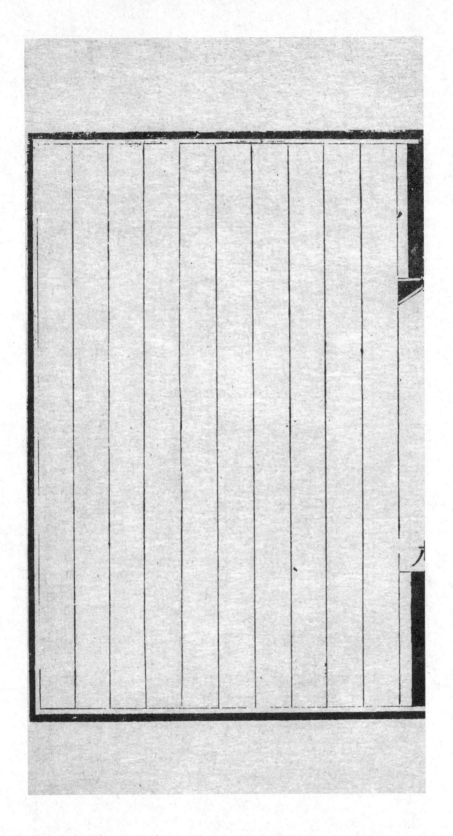

高加索城地所在 亦稱西亞細亞

高加索

俄遊彙編作喀復喀斯朔方備乘作高加薩斯漢文圖作考喀蒐斯萬國圖作考卡俗亦作考卡西阿一名靠喀西亞泰西新史作考靠司印度劄記作高家索地理問答作卓支亞在土耳其東俄羅斯南波斯北裏海西黑海東南均俄領

第弗利斯

朔方備乘作的非利斯一作得非勒又作特付里斯俄遊彙編作梯富麗斯萬國圖作剔夫力士漢文圖作他夫里斯世界地學作夫力士外國地理作池布利斯俄史作的弗列斯亦作鐵弗勒思云曾爲吉爾喀先之師所攻泰西新史作踢飛撕稱其省爲波斯所獻高加索京城名

薩加社

志略。又作色爾各設。朔方備乘作額勒阿西。又作西爾加西亞。當卽地學會圖之薩喀大勒。萬國圖之塔第士特。大圓球圖之告基夫斯克。在東俄阿斯達拉干南。高加索山陰。其首部曰摩斯諾。小部曰機士臘。境內山曰高加薩斯。

節爾斯喀耶

當卽萬國圖之卡士巴。稱爲塔第士特屬城。近人作釋名。卽以之當塔第士特也。

巴古

俄史作排固。亦作罷枯。世界地學作巴庫。萬國圖作巴沽。一作巴社。志略稱爲日爾日部。亦名熱阿義。卽俄遊彙編之八班。東距裏海。跨高加索山南北。城名同。俄取之波斯。地產石油。外國地理作伯古。稱自黑海岸伯末至此有鐵道。

是爾灣

志略稱卽日爾日等部分置。以朔方備乘圖較之。卽萬國圖世麥哈城也。平方圖作舍馬哈。俄史作散麥介。城傍裏海。當屬巴沽。釋名以額里捝當之。尚待參。

達咭思丹

東傍裏海。朔方備乘作納希斯丹。又作達爾斯丹。亦作達其但。地學會圖作達格斯敦。萬國圖作達刻士丹。俄史作大格斯丹。稱俄彼得擊波斯屬藩徑至此省。

代耳班得

平方圖作德奔特。萬國圖作達變特。稱爲達刻士丹屬城。東臨裏海。

挨裏灣

志略作額里。朔方備乘作額里旺。又名諾尼阿。亦名亞耳美尼。一本作阿達亨。云自土來屬。平方圖作挨里溫。大圓球圖作愛里番。在高加索山之陽。城名同。俄史則作伊里凡。稱曾於此處降波斯。

耶哩薩唯託波力

萬國圖作伊里薩別拖朴耳。地學會圖作挨利薩貝特波爾。在高加索山之陽。西接挨裏灣。亦日爾日部分置。本波地。俄攻取之。城名同。在庫班河南。疑即俄史之以利所弗省稱爲俄東南鄙。近亞西亞者。

司塔勿羅波力

朔方備乘作斯達窩羅波爾。萬國圖作士塔夫羅朴耳。大圓球圖作斯塔夫羅泡。平方圖作斯達佛羅波爾。在高加索山之陰。城名同。

枯塌依斯

朔方備乘作古泰。西稱爲義米勒多首部之名。萬國圖作孤泰士。平方圖作庫台依斯。在山陽。城名同。

枯班

萬國圖作孤班．大圓球圖作庫班．俄史作古排．云
曾分兵駐此防吉爾喀先．在山陰東與斯塔夫羅
泡城相距．當卽朔方備乘之
明哥里志略之明哥勒里亞

葉克接離諾達尒

萬國圖作厄卡塔林諾達．大圓球圖作俄克搭斯
克地學會圖作頁喀特里那答枯班屬城．卽在枯
班河
上

車尒諾雝斯科

俄遊彙編作車兒喏嘆斯克．卽朔方備乘古里利
地北界枯班．西南皆臨海．較其地望．卽大圓球圖
蒐刻希唵．地學
會圖布萊米西．

諾倭羅西司克

大圜球圖作阿訥巴西地學會圖作安納巴車尒諾雅斯科屬城南臨黑海在車尒諾雅斯科後爲黑海東北岸緊要海口

蘇烘木

一作蘇芬穆地學會圖作蘇克亨卽朔方備乘古里利地北阻山濱黑海東岸爲防海要區地望值枯榻依斯西北

蘇分喀利士

俄遊彙編作蘇烘克烈平方圖作蘇克亨克拉蘇烘木屬城地望在北

拔禿木

大圜球圖作巴吐母平方圖作巴統城名同西臨黑海栢林定約俄取自土又西卽土屬之德勒比孫達也

喀兒斯

萬國圖作喀士。大圓球圖作喀斯。俄史作喀爾斯一作卡爾斯。一作加利斯。城名同。東南與額里挽相距。亦在黑海東南。光緒四年。柏林定約。俄取自土。又泰西新史有娙兒姐。稱其省曾爲波斯所獻。云値裏海黑海間。未審是一地否。

雜喀復喀斯

卽喀撒克族爲昔可薩部。俄史作柯薩克泰西新史作可殺克。稱其馬兵最盛。在黑海南。　按此部圖未見。

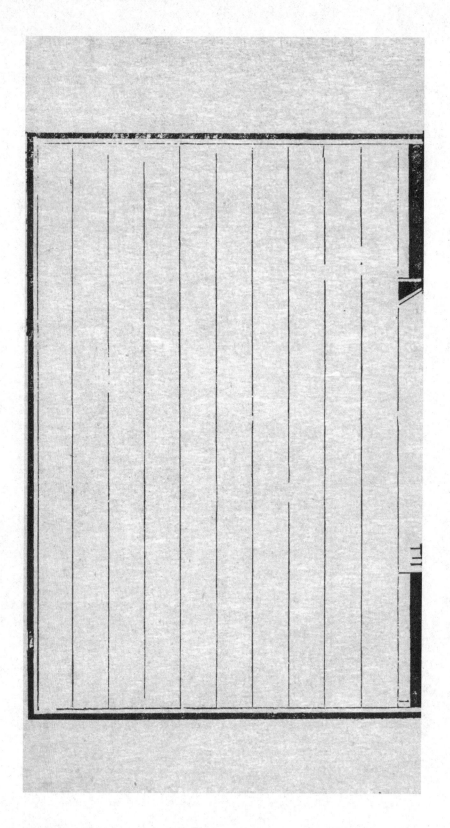

印度以西回部四國城地所在

阿富干國

一名西印度志略又作阿付顏尼亦名加亞加業坦日本漢文圖作阿富汗斯坦一作阿弗汗一統志稱即古愛烏罕在印度庫施山南北界布哈爾南界俾路芝東界印度西界波斯英保護國其東北之帕密爾沿革圖作巴密爾者即地學會圖帕米耳高原為葱嶺最高地英俄分界於此屢釀爭端

喀布爾

古罽賓國地西域記作迦畢試志略又作喀奔地理問答作嘎布勒西洋史要作加喃耳印度箚記作甲布西征紀程作開布爾大圓球圖作考怖耳外國地理作加布路世界地學作加布爾府一作加不阿富干京城名勢據山險英俄力爭處東北之克斐力斯坦西征紀程作加非利斯坦者亦

在印度庫施山南。

渾都斯

四裔考作温都斯坦。平方圖作昆都斯大圓球圖作庫恩杜施在印度庫施山北南與喀布爾相値。四面山繞爲阿國別部。一說即西域記之達摩悉鐵帝國。

刋達哈爾

志略作堪達哈爾。萬國圖作干達哈。胡文忠圖作看達哈佘。大圓球圖作刋答哈在國東南爲大都會接連印度鐵道綫。明時蒙古莫卧爾曾取此地幷喀布爾濟斯尼二城。均爲分部。

希喇

平方圖作吉里什克。大圓球圖作基力克施外國地理作希拉東南與刋達哈爾相距値國西境。一說即志略之維西部。

哈斯那

地學會圖作喀斯那志略稱此部與刋達哈爾均大都會西征紀程稱卽西人紀載之伽寺尼宋建隆三年爲西突厥遺種所據實土耳其國始祖地望北隔山與喀布爾相値

幾斯尼

志略作薺斯尼大圓球圖作勾斯尼卽莫卧爾所取城爲古時商賈輻輳之區　以地望準之卽哈斯那志略分爲二地

黑拉德

胡文忠圖作喀拉特萬國圖作黑拉特平方圖作格喇特地理問答作赫拉特漢文圖作倈勒特世界地學作赫蘭德府萬國地理志作喜蘭得阿有大鎭在焉地望居西値日拉喇巴又北介阿波閒亦阿母河南切要之部

杜沙克

即志略之都扎克部。値黑拉德南。又南。乃日拉喇巴。

日拉喇巴

志略作日剌拉巴。大圓球圖作齋拉拉巴。平方圖作納西拉巴得。値杜沙克南。黑拉德又東南。地當衝要。此部大圓球圖位望稍歧。

備魯支國

即漢書烏弋山離國。後漢書改名排持。西域記作臂多勢羅。萬國地誌作俾耳芝斯坦。萬國圖作俾路芝。漢文圖作比魯乞斯坦。亦譯卑魯其炭。一作皮路直坦。志略稱爲忽魯謨斯。四裔考名思布者是也。英保護國。在阿富干西南。東接西印度。西接波斯。南臨阿拉比阿海。海口通商地名松米尼。

薩拉灣

即元史乞里.大圓球圖作薩拉瓦恩備首部.都城即在此部之內.平方圖作薩剌灣者.

革拉德

萬國圖作刻拉特.特括地略作改拉脫.西征紀程作克勒特.大圓球圖作啓拉特.世界地學作克蘭得.漢文圖作開辣託.西洋史要作開拉脫.外國地理作其拉駝.萬國地理志作概來得.一作哈拉.一作基拉.備魯支京城名.在薩拉灣部內.建於山頂最高處.商賈會萃.

惹拉

志略作倭拉灣.地學會圖作札拉灣.大圓球圖作查拉萬.備分部.在都城南.

魯斯

即志略盧斯備分部.為最東南境.下與印度喀喇蚩接.隔山與信地接.以地望較之.即在平方圖百

喇南

科希斯坦

志略作古義斯丹亦備分部值國最西北境似卽學會圖塞伊斯坦

邁克蘭

志略作美加蘭地學會圖作美克蘭亦備分部值國南境

闊搭

平方圖作滾達瓦大圓球圖作根達發英人於此造鐵路以通阿富干卽志略所稱之東北加支干達瓦部值都城革拉德東南城名同

波斯國

漢書稱安息志略又作白西亦作白爾設又名包社又名比耳西亞亦名大白頭國元時名哈烈東界備魯支阿富汗西接東土耳其北抱裏海與俄高加索接南抵東紅海東北連大鹽砂漠界布哈爾俗拜火以得英援稱獨立國

德黑蘭

萬國圖作特黑蘭大圓球圖作德希蘭漢文圖作丁蘭括地略作氐赫令世界地學作帖蘭府外國地理作爹蘭府萬國地理志稱為梯海倫首府西征紀程稱郎唐書疾陵城波斯現時王都名北與裏海爲近一說建於伊斯巴罕省內非是

伊斯巴罕

值以棘南萬國圖作乙士帕罕俄史作意斯百海外國地理作伊斯罷亨大圓球圖作乙斯拍罕世界地學稱為伊斯巴汗舊都萬國地理志稱為衣斯拍亨舊首府者是也

以辣

志略又作以辣亞日迷大圓球圖作伊拉克阿齊
米地多山阜在國西方志略稱爲波斯中地之部
都城當
在其內

亞塞爾拜然

大圓球圖作阿蒐巴查
恩波斯西方極北部名

塔白里斯

四裔年表作大不里士萬國圖作塔勃里士外國
地理備考作他布利儲稱爲俄土陸路貿易之所即亞
塞爾拜然屬城地望値德黑蘭西北屬
地湖名烏魯米厓即平方圖之務魯木

義蘭

志略作伊蘭又作猗蘭値波斯西北方背負裏海
西阻連山昔時西域著名城大圓球圖謂之基蘭

俄史謂之奇蘭又作噶蘭。云曾欲波以此省爲質。

馬撒地蘭

西征紀程作馬散地蘭。括地略作馬郎德蘭。大圓球圖作麻散豆闌。在義蘭稍東。亦背負海面阻山。當郎俄史之買山大勒。稱曾畀俄後仍還波。

達巴利斯丹

當郎地學會圖之大貝勒斯坦。大圓球圖之楚拉散。有城萬國圖作阿土特拉巴。平方圖作阿斯特剌巴得。太圓球圖作愛斯特窠巴得。郎俄史阿斯得拉勃。稱曾畀俄後仍還波。在馬撒地蘭東北。地望近波斯東北方。亞洲圖考謂達巴利百貨流通。商賈駢集。亦省名者是也。

謀晒得

萬國圖作麥什特。平方圖作馬什得。此城西與阿土特拉巴相接。

哥剌森

志略稱爲波斯東方近北一部。西征紀程稱郎西史之可拉生。云曾合阿侯勒特地以立國。所屬有特爾塞斯城。郎元史之塔里塞寨。爲皇四子拖雷與太祖兵攻處。大圓球圖又作吐耳西斯者。

古爾利斯丹

亞洲圖考作波斯古爾的斯丹。地學會圖作魯利斯丹。括地略作古爾的斯丹。亦作巴爾三。大圓球圖作魯力斯坦。俄史作胡沽利斯丹。云曾與波在此立約。值國西方。半屬東土耳其。半屬波斯。

古西爾丹

括地略作古爾斯丹。大圓球圖作楚昔斯坦。波分部。與土鄰。值古爾利斯丹東南。

亞不支爾

萬國圖作蒲什阿。大圓球圖作布希耳。平方圖作布什尒。世界地學作布夏港。稱爲英占。地理問答

作布些。稱爲通商海口外國地理作布詩稱爲裏
海要港。實謂波斯灣也地望值法爾斯西南當屬
德什
斯丹。

法爾斯

亞洲圖考作法爾西斯丹。大圓球圖作發西志略
稱爲南方部名。濱海有城曰什拉自郎元史郭
侃傳之石羅子。西人紀載波斯之色立齒萬國圖
作施拉士。大圓球圖作希拉斯。平方圖作失羅子。
東南臨海郎刺郡。志略
又作法南。平方圖作刺。

甘勃倫

大圓球圖作告母 白魯恩城臨海口值法爾斯又
東南亦通國大埠。中有島志略作惡未嶼。西征
紀程作阿爾謨斯小島。一作呼爾謨斯明史
稱國釋名以大圓球圖拉耳當之似尚未諦。

卡買

志略作給爾滿一作給爾曼。括地略作克爾曼。大圓球圖作扣曼。是爲波國南方濱海部名。地望值法爾斯東。多沙磧。有草場足畜羊馬。

古義斯丹

學會圖作庫黑斯坦。志略稱爲波斯東方部名。值哥剌森部之南。與阿富干俾路支鄰。大圓球圖又有拉力斯坦。近海灣。學會圖作剌里斯坦。值卡買南。

阿喇伯國

志略又作阿丹。亦作阿蘭。亦作阿黎米也。明名天方。地理問答作亞拉伯。萬國圖作阿拉比阿。大圓球圖作歐來比歐。值阿喇伯海北東土耳其南。東界波斯海。南界印度海。西界紅海。漢條支國。唐大食國。其紅海沿岸肥沃地屬土耳其。

黑德倭斯

萬國圖作黑札斯大圓球圖作海查斯志略稱爲阿刺伯首部西鄰紅海其地屬土

麥加

聖武記作罕克志略作默伽亦作美嘎外國地理作覓加大圓球圖又作邁刻世界地學作蔑加府又名滿閈萬國地理志作梅喀府阿喇伯京城名建於首部之西爲摩哈麥生處卽元史之密昔兒在紅海北岸土耳其所領

麥地拿

唐書作俱紛摩地那明史作默德那聖武記作墨德志略又作美的納萬國圖作麥丁納平方圖作麥地那漢文圖作安地拿大圓球圖作謀氏那外國地理作咩始拿世界地學作蔑器拿府萬國地理志作墨丁奈小都會阿剌伯西方城名屬首部爲摩貽麥葬處

也門
日本新刻地球圖作耶門，大圓球圖作匪孟，地處
西南與英人所據亞丁相近，部最富强，屬土當距
萬國圖之流淚門，世界地理志之淚門不遠，因古
人由紅海出印度洋，至此而困，故得是稱。又紅
海近岸有小島曰丕林，
學會圖作拔林，亦屬英。

摩加
西征紀程同，大圓球圖作摩察，萬國圖作麼喀，也
門部西南方海口通商市埠城名，疑即漢文圖之
于筈尋也門會城，西征紀程作薩那，云在摩加
東北六七百里，平方圖謂之薩那，地理問答作
撒那。

呵曼
世界地學作窩蠻，大圓球圖作俄莽，括地略作阿
曼，外國地理作阿孟，一稱俄曼，兼亞達拉毛地，阿

剌伯自治之部。一本圖在西南。桉其地望在東非西南也。又一本稱俄曼爲自主王國。亦誤。西洋史要則稱阿斯曼土耳其。起於小亞細亞。恐非現時情形。

馬斯開特

萬國圖作馬士喀特。地理問答作末斯嘎德。萬國地理志稱爲麥斯克得海港大都會。大圓球圖作謀斯剋特。世界地學作謨斯斯加多。外國地理作馬斯加稱爲阿孟首府。卽呵曼會城。相近有城曰木甲。爲歐印美貿易港。志略謂之東方海口。其西方海口曰熱他値都城麥加西北。一本稱馬斯開特爲阿曼酋長國國都。以埃及酋長曾領阿曼故云然。然非現時情形。日本新地球圖。置木甲西方與耶門近尤誤。

亞達毛拉

地學會圖作哈達拉毛。萬國圖作哈得拉毛特。大圓球圖作哈得拉毛吳特。在阿喇伯沙漠南介乎

亞丁呵曼之間自治之部偏南一部名馬喀拉漢文圖作麻加剌大圓球圖作麻喀拉平方圖作馬科爾拉臨海口

剌沙

此部在國東境逼臨波斯海灣當即大圓球圖之愛耳哈薩地學會圖之厄尒哈薩地理問答之瓦哈比

內蕪德

日本新地球圖作尼爾雷夫胡夫此部地望居中阿喇伯自治南有屬城平方圖作利亞得大圓球圖作里阿得萬國圖作力亞特地理問答則作利阿德稱爲阿喇伯京城

亞丁

一說即明史鄭和所使阿丹國地理問答作阿典大圓球圖作愛登俄史作愛亭紅海口門小島上

之一城也英領爲東西交通要路亦屯煤所

附島

瑣科特辣島

地理問答作梭哥德拉島日本漢文圖作索哥德拉島值阿丁海股又東南出島卽印度大洋

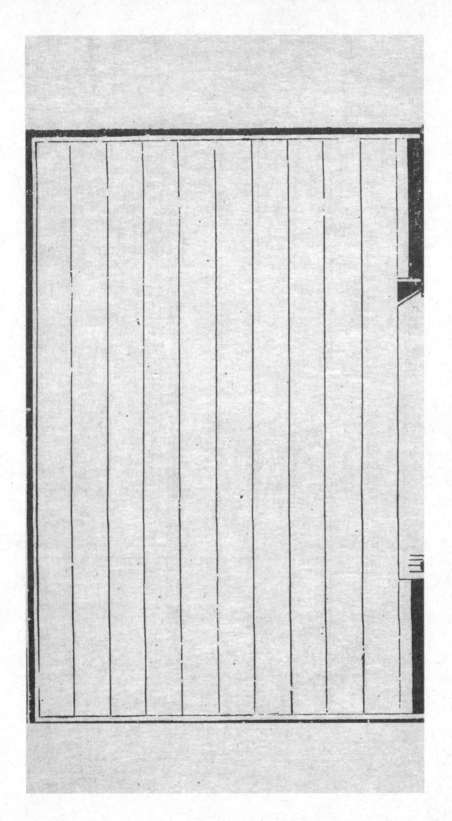

東土耳其城地所在

東土耳其

志略又作都爾基亦作特爾濟泰西新史稱本名突厥括地略稱本古時羅馬東境一名亞細亞土耳其在波斯西北地中海希臘海東阿喇伯北黑海南有中土東土之分

亞那多里亞

俄史作阿那多尼亞云曾分兵於此防俄大圓球圖作愛訥拖力唵括地略作土耳其斯坦云即中土買諾又名小亞細亞東土極西部名會城學會圖作土麥拿萬國圖作土每拿萬國地理志作斯麥奈府世界地學作土密爾拿泰西新史作思梅那云有海口同名外國地理作斯味路拿大圓球圖作斯謀訥法志作土列密海環其三面與西土之羅美里阿僅隔一伊直安海峽商業中心地北即科達文的刻阿部

科達文的刻阿

西征紀程作何達溫的格雅。南與亞那多里亞相距。會城志略作補撒。西征紀程作白魯薩。地學會圖作布魯撒。首長阿斯曼建國。處。此部即俄史之果尼阿。稱為君士旦丁門戶者。

卡刺綿尼阿

學會圖作加拉馬尼亞。萬國圖作卡拉綿尼阿。世界地學作阿爾茷尼亞。大圓球圖作喀拉麻尼阿値亞那多里亞東。外國地理亦稱為小亞細亞。西人謂土耳其中土為小亞細亞。故謂中國為亞細亞也。會城志略作可尼。萬國圖作可尼阿。大圓球圖作科逆唵。

加士達彌尼

萬國圖作卡士塔門匿。學會圖作加士他牟尼。西南界科達文的刻阿。首城同部名。東北屬城。萬國圖作信諾魄。大圓球圖作昔奴魄。俄史作西那卑。在黑海南。云俄曾以水師襲取口內土兵。

恩孤阿

大圓球圖作安固篗學會圖作昂哥拉。北界加士達彌尼。南界加拉馬尼亞。首城同部名

亞達那

志略又作安嶲刺。稱在加拉馬尼亞西南以學會圖較之。當是在東南也。北跨頭魯山。南臨地中海其在加拉馬尼亞西南者。學會圖作亞達里亞。大圓球圖作阿荅里阿。卽萬國圖之阿迭利阿海灣世界地誌之阿勒泡主要港。亞達那首城。與部同名。釋名以科達文的刻阿。當亞達那。尤誤之誤矣

西威斯

志略又作西瓦。云在加拉馬尼阿東南臨海。當卽萬國地理志之挨來拍。萬國圖之哈里比。大圓球圖之愛來城。平方圖之亞勒伯。値亞達那東南。加拉馬尼阿。又東南。首城與部同名。西距萬國圖之以土肯達倫灣不遠。若學會圖則以西威斯。當志略之馬拉士矣。

馬拉士

志略又作古地亞亦作路彌阿云此部東接東土之阿爾美尼阿當郎萬國圖西法士大圓球圖西發斯北距黑海者

德勒比孫達

萬國圖作他拉比順括地略作德勒比遜平方圖作達拉布松大圓球圖作特來比章得外國地理作駝來皁莊稱爲沿黑海岸貿易場在馬拉士東北亦與俄通商地首城與部同名

美索不達迷亞

後漢書稱斯賓國志略云郎巴必羅尼亞學會圖又作奧熱息拉法志作迷所波多美云十字軍曾略地至此萬國圖作美索波塔米亞古時之米所波大米又名厄耳之西阿世界地學作蔑棱波達米亞地誌作美藪波塔外國地理作咩疏波他味亞一作阿耶西拉在西里亞東系東土中原泰西

人始祖諾威居此。會城萬國圖作穆蘇耳。西征紀程作摩蘇尒。大圓球圖作摹蒐。

古爾的斯丹

志略又作科爾力士丹。亦名野哈馬。括地略作古尒提士丹。萬國圖作苦阿的士坦。世界地誌作科基斯坦。外國地理作古路之斯坦。大圓球圖作庫耳狄斯斯坦。此部值美索不達迷亞北。會城志略作亞勒破。當卽萬國圖之第阿比刻阿。大圓球圖作氏阿比啓耳。平方圖及地學會圖均作地里北克。而志略於阿爾美尼阿部又出此城。當是同名異地。

萬省

大圓球圖作潘省。平方圖作溫尼。在古爾的斯丹東。值萬湖東南。波斯烏魯米厓湖西。首城同名。志略未載。

阿爾美尼阿

後漢書稱阿蠻國志略又作亞麥尼即東羅美利亞也俄史作阿迷尼亞泰西新史作東羅美連萬國圖作阿綿尼阿西洋史要作阿美尼亞萬國地理誌作阿眉尼亞外國地理作亞路咩二野北部在古爾的斯丹北美索不達迷亞西北會城厄薩冷萬國圖作額士冷志略名黑爾斯倫亦作葉西倫平方圖作挨尒斯倫又萬國圖於會城東列有佐直阿或即外國地理之野執儲稱亦東土

分部

義拉亞拉伯

學會圖作阿拉伯萬國圖作伊刺克阿拉比即希刺大圓球圖作伊拉克阿來比地理問答作西革達德西征紀程作希爾拉外國地理作依明一作伊拉革拉比即古時之迦拉庇亦大秦東境在第革利斯河與弗拉德河下流爲東南大埔頭會城學會圖作巴索拉志略以城名爲部名又作巴所刺括志略作巴索勒又古名都

巴庇倫即巴必鸞者在部西臨河

報達
即唐書黑衣大食志略作八搭。萬國圖作八達。學會圖作白格達。平方圖作白報達。西征紀程作帕古達達部。世界地學作巴固達府。大圓球圖作八格代得。世界地誌作博得多。萬國地理志作培喝特。位於第格利斯河畔。値美索不達迷亞南義拉亞拉伯北。

西里亞
萬國圖作賽利阿。漢文圖作西爾撒列莫。西洋史要作敍利亞。即敍里亞。世界地學作西利亞。外國地理作市利亞。地理問答作安提阿。法志作安的沙。即唐書之西女國。在地中海東北。有海口泰西新史謂之安梯凹。亦作安提阿。疑因部而命名也。此部南即古猶太國。

尼尼位
西征紀程作尼尼威。日本新地球圖作尼尼夕微。一作尼尼微。古名比肩城。在巴庇倫北約八百里。爲

古時土耳其河邊著名大城西洋史要作尼尼維云古亞西利亞都城亞西利亞當在西里亞東

大馬士革

古作撒馬利亞萬國地理志作且瑪斯克斯云昔十字軍苦戰處泰西新史作大馬軾地理問答作大馬色蒔國圖作達馬士喀士又名珊厄耳其比阿世界地學作達馬斯加府外國地理作帶馬斯古斯大圓球圖作答邁斯扣斯云即代薰斯固斯志略稱爲西里亞濱海大城即猶太中省也地望在西里亞西南一本作薩摩斯島稱爲英法俄三國保認土耳其權下之公國

拜魯特

地理問答作備魯德平方圖作貝魯特外國地理作俾路駝港稱爲市利亞輸出貨物著名處蓋海港與城同名也

在地中海東

猶太

志略作如太。又作如德亞。本名迦南。亦名聖地。一作不利斯底尼。西史名巴勒斯坦。即古羅國以其嘗屬羅馬也。又譯怕勒斯聽。學會圖作巴勒士登。其國貼近地中海。在西里亞南。一統志謂即拂箖漢大秦國。利瑪竇云乃耶蘇降生處。伯利恆聖穴在焉。

日路撒冷

萬國圖作耶路撒冷。大圓球圖作耶羅撒冷。外國地理作曙利沙龍。萬國地理志作求露薩來母。古名鄉城。志略稱即唐書拂箖。猶太會城名。其地東近死海。西值蘇彝士河諸處。

拿撒勒

歐洲圖考作納匝勒。亦名勝城。在日路撒冷北約二百里。西近大博爾山。為耶蘇居家處。亦猶太城名。當即學會圖之那刹勒嵩。尚有加百農城地理問答作迦百農。因附近加爾墨祿山而名。又有棗樹城。一作耶利哥。在日路撒冷東北。近約但河。

加利利

志略作加利城。西征紀程作加利波里。大圓球圖作特力坡里。學會圖作地力破里。乃猶太北方省名。瀛海志略稱爲猶太三部之一地理問答稱其省以加利利湖而名。

附島

居伯羅島

萬國圖作居比路。世界地誌作塞浦洛斯。泰西新史作㝷補螺螄。西洋史要作賽朴洛士。漢文圖作薩愛魄斯。一作徐卜洛斯。一作昔不羅斯。附近中土買諸術卡拉縵尼阿之南。柏林定約與土以下英。英得此島。用能扼地中海東方之樞。下距紅海口不遠。會城曰力拓斯亞。大圓球圖作科西亞。地學會圖作尼哥悉亞。卽丙德可悉亞也。

羅得島

萬國圖作魯特士島，地望值小亞細亞士每拿南，產蜜蠟油。

斯喀帕恩拖島

西征紀程作斯加班多島，萬國圖作士卡扳拖島，學會圖作卡葩托斯在羅得島又西南，去刋地島不遠，三島均臨地中海，其他臨愛琴海二島，一曰米地鄰，值士每拿灣西北，一曰治阿，值士每拿灣西南。

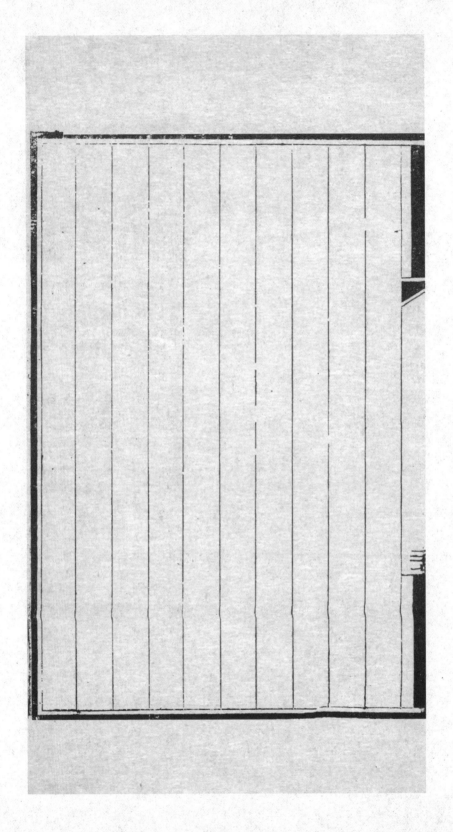

五印度城地所在

印度

漢書謂之身毒。又稱天竺。志略又作痕都。一統志稱溫都斯坦。元史作欣都斯怯。印度劄記稱痕都斯丹。專指中印度。北接西藏。北之西界新疆及帕米爾。西北接阿富汗備魯支。東北界野人及緬甸地。全爲英領。葡法得西界數土。

東加拉

明史名榜葛剌。西藏志作不爾拉。海錄作明呀喇。志略又作孟加臘。泰西新史作孟本利。又作本加利。亦名孟加利。萬國圖作孟加拉圓球圖作本告耳。外國地理作兵壓路。東印度英藩部名。

加爾客搭

萬國圖作卡爾咳搭。世界地學作卡爾卡達。東遊記作加爾格達。云英駐總督處。外國地理作加路加他世界地誌作坎耳加搭括地畧作加爾各答泰西新史作喀余科搭地理問答作嘎勒革達印度剳記作卡呢格達漢文圖作甲谷他或譯喀克他地甚富庶英初設商局在此値恆河入海三角洲上孟加拉會城名東有城名熱他加志畧作勢他加云萃織工當卽萬國圖蚩塔港鄒氏謂屬緬甸又北偏東城萬國圖作達卡圓球圖作達喀値恆藏合流處

岡都亞那

米圖作工窪納志略稱爲孟加拉西南轄部會城據學會圖名拉登不爾印度剳記作俄巴耳布

痾黎薩

志略又作八拿力云卽米圖阿力色圓球圖作俄力薩學會圖作俄里薩孟加拉西南濱海轄部屬城名扣塌克萬國圖作咳德克印度剳記作科塌克西征紀程作庫臺克云西域記烏荼在其東北痾黎薩乃佛教最盛之地

巴哈爾

志略又作八拿云郎米圖麥哈爾萬國圖作比哈印度劄記稱拜哈部臨但剌河如來居此最久爲孟加拉西北轄部　其北偏西城曰帕特那海錄作八旦拿一名巴德那又名比那利斯萬國地理志作配得奈萬國圖作巴納西征紀程作巴德拿外國地理作罷駱拿東臨恆水耶稱聖城產鴉片　南偏西城外國地理作壓也學會圖作加雅郎西域記伽耶釋迦生地

固世比哈

學會圖作庫什貝哈印度劄記作姑斯替城稱郎明史古里斑里國孟加拉屬邑名値加爾客搭東北四百餘里臨安治士河商賈繁盛　其加爾客搭西北一邑東倚恆河者曰摩世達巴印度劄記作摩耳士剌得巴平方圖作謨書帶罷脫

賽卡士

圓球圖作喀蒐斯。印度劄記作伯西爾加。云一名薩卡司。學會圖作錫加爾斯。此部南臨孟加拉海。西南距哥達惟利河。屬城名維薩加巴丹。東臨海。學會圖作維薩哥巴坦。圓球圖作斐薩軋帕塔。萬國圖作維薩噶拍探。北有城。圓球圖作普開利耳。萬國圖作蚩塔固爾。

阿拉哈巴

西域記稱爲鉢羅耶伽。米圖作阿拉哈板特。圓球圖作阿拉哈巴得。印度劄記作厄納特珂克。云有軍局。萬國圖作阿剌哈巴。泰西新史作耶喇哈叭。云英將哈飛綠自此出師。以平武德之亂。卽孟加拉西北部。在朱木拿河與恆河合流處。本中印度亞加拉都城。降英屬東藩。

俾拿離士

學會圖作班拿勒斯。圓球圖作本那耳斯。萬國圖作使阿列土。印度劄記作丕那勒。云卽古波羅奈。西距阿拉哈巴三百里。南臨恆水。婆羅門教視爲聖地。

武德

志略作烏德米圖作烏訥西藏人稱盆烏子。印度劄記作澳地烏訥稱卽古楊摩羅國舍衛城。北界廓爾喀南界阿拉哈巴。本土國。以力不敵降英。都城志略作盧各腦。圓球圖作奧克卓。泰西新史作露克拿。云昔英兵攻得。卽萬國圖樂聞。所屬通商地。志略作非薩巴爾。卽平方圖菲薩巴尒。學會圖非薩巴得。附近東南城曰烏德。與土國同名。

那哥不爾

萬國圖作那頗阿。印度劄記作來格普爾。亦作那哥布耳。漢文圖作那孤波爾。圓球圖作那格普耳。志略又作納不那。學會圖稱爲中部。在不蘭赫塔河上游。卽南流入哥達惟利河之水也。首城同名。爲通商大埠。其餘通商地。志略有馬合罷。平方圖作馬赫學會圖作馬呼尒。志略有古達學會圖作虎塔。此外比拉爾庫爾格兩部。均與那哥不爾部地相錯。

亞加拉

即明史莫卧尒國萬國圖作阿格拉地理問答作阿華拉亦作亞爾各拉學會圖稱爲西北部印度劉記稱名痕都司丹古中印度厄納特國爲四方適中地譯言將威博羅運司英人築城其處曰亞加拉因以爲部名也舊部阿拉哈巴久降英莫卧尒昔時建都之地即今得希城

新的亞

志略又作新地亞稱在中央印度劉記稱一名哈那歐替其地與英藩犬牙相錯亦半隸土酋之國也據學會圖瓜利爾爲其部城即萬國圖果利阿圓球圖之果阿里奥值專不耳河南西南與馬剌他相距萬國地志又作喝唱利尒洲者

馬剌他

值新的亞南米圖作馬爾窪志略作馬盧磯印度劉記作麻爾哇萬國圖作麻耳瓦圓球圖作毛耳

瓦。萬國地志作麥爾渭、高原。志略稱舊以埔拿爲都城。今其首城名疴日音。學會圖則以波保爾爲部城。印度罰記又以波保尒爲別部。而以印度爾爲首城。殊未是。

印度爾

萬國圖作印多阿。圓球圖作英桒耳。萬國地志作英特亞。稱爲德干高原支部。地處馬剌他高原東南。印度羣土國之一。英督遣官監理。值剌日不得拿東南。首城同名。其他士國與之附近者。曰賀兒架爾。志略作曷尒加那。印度罰記作葛爾加耳。當即學會圖之何申加巴得。壤地與馬盧襪亦相錯

勒隈

萬國圖作利哇。圓球圖作來瓦。亦土部。歸英遣官監理。地處恆河之南。中部。闍都窪納之北。首城同名。此部西北有土部。學會圖作邦德爾。印度罰記作本的勒看。又作邦德爾干。地望值新的亞東。首城稱名札德普爾。當即學會圖之赫德彌爾普爾。志略稱與波保爾小國。均以不能自立。降附於

英。

剌日不得拿

米圖作爾勒士布他拉志略稱又名澳地萬國地志作拉球指他奈州稱爲英屬印度河東沙地萬國圖作拉扎土丹又名拉者布丹納漢文圖作拉止普塔那印度剳記作剌日布德部郎括地略之固宜斯丹值印度河東信地東北羣土國也計分十八均英督遣官監治較大者曰疴代不爾城名同萬國圖作烏帶婆阿圓球圖作烏德普爾地望在剌部南　作曰比加尼爾圓球圖作比喀尼耳城名同地望在剌部北　曰日宜不爾城名同當郎圓球圖之魯阿頗阿地望在剌部東　曰多爾普爾地望在日宜不爾東南北與亞加拉部相距曰八德不爾圓球圖作昭德普耳城名同地望在剌部西　北郎日薩爾迷爾城名同亦土部又北逾沙漠値印度河南者學會圖謂之布哈烏爾普爾城名同郎萬國圖巴拔耳婆阿圓球圖保耳普耳。

亞日迷爾

萬國圖作阿這密阿圓球圖作唵斯米耳志略又
作亞北得希在刺日不得拿羣土部中居恆河印
度河間蒙古莫卧爾會取其地立國後衰弱降屬
於英遂爲英藩所領分部印度劄記謂卽刺部異
名似未諦

特里

亞日迷爾東北大部名東臨朱木拿河上游萬國
地志作蹄里米圖作聶離萬國圖作德里圓球圖
作代里乃印兵謀逐英人處卽志略德列一稱爲中
印度轄部印度劄記因之亦以此爲部名一說爲
旁遮普分部特里北有沙賀社
普爾城平方圖作蘇哈隆普爾

古爾瓦勒

米圖作威唎圓球圖作勾耳瓦東北界後藏阿里
西南界特里以地望較之卽學會圖之加瓦爾及

呼爾得瓦兩處均英轄部首城印度劄
記作西里那都或卽學會圖西里如戈爾

三

麻打拉薩

海錄作嘎嗐喇薩志略又作馬塔剌亦作馬達拉
斯大萬國圖作麻得拉士泰西新史作馬特拉司
云英昔與法戰處印度劄記作曼打拉薩地理問
答作瑪 德拉斯外國地理作馬篤拉斯南印度英
藩部名 據學會圖首城當同名建於海濱在孟
加拉西南志略則以麻打拉薩爲城名而以加爾
那的爲部名印度劄記因之作加爾那得卽圓球
圖喀訥剔克米圖噶納的泰西新史家拏梯也
一說此部與孟買均加稔部所
治若孟加拉則總督自治矣

馬斯利巴丹木

漢文圖作麻斯利波打莫志略以當北西爾加耳
城居險要英人血戰得此部爲麻打拉薩北偏東
大城 其迤西南城學會圖作貪昭爾萬國圖作
坦佐阿 又西城學會圖作德里支那波勒萬國

圖作剔利親諾坡利。又南偏西城。學會圖作馬都剌。萬國圖作馬都拉。圓球圖作麻杜拉。西征紀程作瑪都剌。謂卽西域記枳抹羅。又南偏西城。學會圖作丁那威勒。北與丁那威勒相値者曰哥英巴都爾。志略又稱班牙樂部。圓球圖作考乙母八吐耳。又西卽拜普爾。臨西海岸。

巴拉加

志略又作北剌利。稱爲北西爾加迤西一部。印度劄記作巴剌加。値加爾那的西。首城名北那里。學會圖作巴剌里。爲火卓四達通衢。再南而西一部。曰馬拉巴爾。志略又作骨他巴。印度劄記作馬勒巴爾。北界加那拉。南界可陳。其西濱海一部。曰加那拉。志略又作骨他羅利。印度劄記作南加那拉。東界貢索爾。西界海。首城名蒙加羅爾。學會圖作莽哥羅尒。萬國圖作曼嘎羅阿。圓球圖作莽葛羅來。均麻打拉薩所轄分部。

貢索爾

米圖作買若爾志略又作邁蘇耳萬國圖作買瑣
阿西征紀程作買索秦西新史作梅鎖西洋史要
作墨所圓球圖作麻稜耳萬國地志作蘇蘇亞稱
爲特根高原南部其地四面均環麻打拉薩西北
一隅接孟買乃大土國也英督遣官監治都城同
部名 北有舊都在加惟利河上游名西林加巴
坦印度劄記作色林甲巴丹萬國圖作西冷葛巴
耽圓球圖作蒐凌軋帕坦所屬通商之處較著
者曰邦加洛爾郎志略邦加羅耳地望在東北
曰幾得拉佘郎志略幾得爾拉克地望在西北

達拉王哥爾

海錄作打冷莽柯萬國圖作特拉萬科阿圓球圖
作特來番科耳萬國地志作得拉維夸耳云系南
印度西岸南部亦英屬 都城曰的里灣德稜萬
國圖作剔利萬特隆印度劄記作特來番得郎圓
球圖作特里發恩得婁值極西南海隅再南即科
馬林角愽舵處風濤甚厲 通商地曰固蘭印度
劄記作魁瑣值
都城北西瀕海

德干

志略又作尼桑亦作尼散萬國地志作提根高原世界地誌作迭康高原地學作鐵斡臺地外國地理作敵更高原都城名海得拉巴米圖作海特爾拉巒萬國圖作海達拉巴泰西新史作醯笛喇叭漢文圖作日得拉拔德圓球圖作哈愛豆辣巴得世界地學作海達巴德萬國地志作哈臺蘭特印度劄記又作希答巴稱大土國在孟買東麻打拉薩西那哥不爾西南英督遣官監之分五部較著者曰比拉爾米圖作彌勒爾當郎萬國圖必達 曰比德爾學會圖同 曰亞瓦郎加巴萬國圖作澳冷葛巴平方圖作安瑱加巴得圓球圖作俄倫勾巴得 曰北作不爾萬國圖作比吒婆阿

康肯

學會圖作公根萬國圖作孔坎海錄作盎凡里印度劄記稱一名鹿那乍里部東界高山西瀕大海值孟買南首城曰勒剌志里學會圖作治周里東南山後有一部曰固那普爾學會圖作庫拉

普爾屬
葡萄牙。

薩達拉

萬國圖作薩塔拉。志略稱英屬國。値德干高原西南。都城同國名。所屬通商地。曰美黎。至學會圖作米魯治。日般德爾不爾。學會圖同。

孟買

志略又作網買。粵東稱爲港腳。番名叭吏。印度劄記稱卽白頭回子。外國地理作邦罷。又作邦卑。稱爲印度第二都會。亦西印英藩大城名。在印西境跨那爾達巴河及塔普提河南北。志略稱其部名痾隆加巴。亦作亞麥大巴。印度劄記作凹降加巴。舊有回部大城。今以爲部。西濱海有會城。亦曰孟買。

蘇疎

番名阿里敏。海錄作蘇辣。志略稱卽蘇剌。萬國圖作蘇拉特。萬國地志作羣特。孟買北方濱海城名。北瀕塔普提河。西臨康木拜灣。商務繁盛。據志略道光朝移城孟買。商務仍是蕭索。蓋今昔情形不同耳。又印度劄記稱蘇拉特為古支拉得首城。尚未諦。

根的士

米圖作甘勒士。圓球圖作刊代施。印度劄記作根地士。孟買東北轄部。南界痾隆加巴。北界馬剌他。首城名高耳拿。印度劄記作高爾那。界內有城曰埔拿。萬國圖作婆納。世界地學作別拿列府。本昔時馬剌他都城。今屬根的士。產鴉片。值孟買南。跨山臨海。

北日不爾

印度劄記作伯日普爾。孟買南方轄部。東界德干。西界康肯。首城同名。孟買西北轄部曰古塞拉德。萬國地志作求垂拉得。學會圖作古直拉德。印度劄記作古支拉特。圓球圖作勾蒐拉特。東界麻爾哇西界海港港口通商埠印度劄記作開拜云即科曼轉音自此以西統稱科曼海灣學會圖所謂康木拜也別一部與古塞拉德相錯者志略作日瓜爾又名古宜加瓦爾印度劄記作佳得低哇西征紀程作喀的亞瓦萬國圖作喀第瓦亦屬孟買都城曰巴羅達志略又作巴羅他圓球圖作巴羅答印度劄記作包來丹那値康木拜灣東作巴羅達城西北有一部萬國圖作阿密達巴學會圖作亞麥達巴得圓球圖作阿綿代巴得印度劄記作亞米特巴値康木拜灣西北境內多佛氏遺蹟均孟買兵帥所轄

西隔港即開治海岸

信地

萬國圖作辛得泰西新史作沁得漢文圖作星得西域記又名信度志略爾即米圖之阿布爾信曾為英敗歸英治孟買西北部名亦號西印度跨印度河下游兩岸西接俾路芝北界本若及阿富汗會城曰海德拉巴萬國圖作海德拉拔泰西新史作醯笛喇叭圓球圖作哈愛豆辣巴得其通

商埠曰塔塔。學會圖作喀塔。曰勞舍那。學會圖作瑙舍拉。與會城均值印度士河東。曰喀喇蚩值河西。上接鐵路。爲停泊絕佳處。

克什米爾

西域記作伽濕彌羅。元史作失迷兒。郭侃傳作乞石迷。古稱箇失密。志略又作加支彌爾。亦作夾氏米里。漢文圖作開施米耳。世界地學作加西米耳。萬國地志作克修迷亞。印度劄記稱即古罽賓國。北印度英藩別部名。其國昔名塞哥。志略又作悉國。亦作西刻。學會圖作塞克。泰西新史作雪克。即西域記磔伽。後以部名爲國名耳。都城志略稱同名。印度劄記作色令那加。東界後藏阿里。西界阿富汗國。地分九部。以隆德勒至河爲界。

本若

即五江。中有西氣死種人。善戰。即克什米爾分部。萬國圖作奔扎比。圓球圖作噴查白。泰西新史作烹齋萬國地志作噴基勃。印度劄記作本若省。稱一名西林德。志略稱西林德爲塞哥國左部。學會圖名旁遮普。本若都城。志略作勞爾。又作刺合。學會圖作拉合尒。西征紀程作勒和米。圖作勒懷建在拉維河郎學會圖拉微河岸上。貿易最盛圓球圖作辣合兒國。印度劄記稱爲瀕河辣達克部。云郎古儼達國。南界刺日不得。北界克什米。初屬塞哥。後隸英。

俾石哇

萬國圖作丕叟氏郎白沙瓦平方圖作白沙威爾。志略作北朝威爾。稱爲克什米爾分部。地望值西北隅。其西南隅分部。學會圖作穆里坦。郎志略木耳丹。萬國圖作摹耳坦。印度劄記作慕兒丹。均通火車大城。其印度河西偏北分部。志略作德勒義斯馬伊爾汗。偏南分部。志略作德拉合西汗。學會圖并同。

新疴磯

卽學會圖般日木萬國圖般申印度劄記作莪亞亦作科礒世界地學作哥亞外國地理作野利卧亞萬國地志作角亞海錄謂之小西洋在孟買南偏東七百里北臨海港便停泊據形勢爲葡萄牙國印度地稱新城又南卽痾礒稱舊城孟買北有達馬溫志略作達蒙圓球圖作達莽西臨康木拜灣又有低猷島志略作的玉圓球圖作氏伍置礅城在古塞拉德海岸南均葡領

本地治里

海錄作笨支里志略又作房低者里萬國地志作滂特溪利萬國圖作崩第舍黎括地略作本第治利亦作本第西利印度劄記作本得支黎西洋史要作朋地杝利外國地理作邦治在東海岸麻打薩拉南偏西加爾那的東爲法領印度都城同名

本地南曰開利開爾志略作加黎架爾圓球圖作喀里考耳卽萬國圖卡里密阿在加惟利河入海處 曰珊德納哥卽志略商德爾那哥耳在加爾各答北恆河西支西岸 曰馬赫萬國圖作馬黑海錄作馬英在西海岸馬拉巴爾部內均法領

馬拉巴泰西新史又作馬喇叭。西征紀程云即元史馬八兒國。現歸英。又西近海城曰開力扣特。學會圖作科利庫特。泰西新史作偏辣古忒。即海錄隔瀝骨底。屬馬拉巴爾。漢文圖著有加利克太。萬國圖著有卡力咳。音近而地望稍歧。未審是否。

西稜普爾

即志略西林不爾。學會圖作西加普爾。在孟加拉部內。南臨恆水。屬嗹國。其有在加爾那的界內東濱海者。曰達郎給巴爾。學會圖作特蘭圭巴爾亦屬嗹。

可陳

即哥陳西征紀程稱即明史柯枝國海錄作固貞萬國圖作哥親。印度劄記作科靑。在達拉王哥爾西北。昔屬荷。今歸英。

藏南印北四小國及錫蘭島城地所在

尼泊爾

唐書作尼婆羅明史作尼八剌西圖名尼婆爾藏中呼爲畢棒子志略云郎西藏志白木戎文作尼巴爾亦作尼搏拉漢文圖作捏巴爾圓球圖作尼泡耳外國地理作泥羅路萬國地志作乃拍爾其念四汗部首城曰廓爾喀名甚著遂稱尼泊爾爲廓爾喀國云志略又稱庫爾卡泰西新史作古兒卡又作戈二卡值喜馬拉雅山南高原北界後藏東界哲孟雄雖稱自主小國而實歸英保護英謀之尙未得也

加德滿都

志略又作甲曼士亦作陽布印度劄記作加德曼都云又名巴勒布郎古白布國萬國圖作卡曼度尼泊爾都城名西郎廓爾喀大城其屬地在南方者印度劄記作那利巴丹學會圖作剌利利大巴坦在東方者印度劄記作喀當郎志略加當在西方者印度劄記作卡薩學會圖作喀西

布魯克巴

志略又作不丹。萬國地志作婆頓。卽舊布魯克部因其合噶畢爲一國。又作畢但。萬國圖作布丹。漢文圖作布屯。外國地理作布歎。値喜馬拉雅山東在印度北。前藏南。東界野人。西界哲孟雄。昔分二部。一曰德白拉作。卽怖魯克巴。一曰比斯尼。卽噶畢。泰西新史作瓶大離。

達西蘇敦

西藏志作扎什曲宗。學會圖作塔恩蘇丹。萬國圖作塔西西蘇頓。圓球圖作塔西西蘇澄。印度劄記作塔西蘇登。布魯克巴都城名。西藏往來五印度取道於此。不丹雖稱自主小國。而實庇英宇下。

阿薩密

志略又作阿三。亦作亞桑。又名徹地缸。印度劄記稱亞山部。一名阿賽密。萬國地志作阿薩麻。世界地誌作阿撒穆。漢文圖作愛賽母。在藏布江南。孟加拉東北。緬甸西北。前藏東南。背負雪山。土酋所

治小國，卽英人溯藏江新闢地，產茶多桑，有鐵道
跨江南北，距雲南邊徼不遠，——會城曰若爾合德
學會圖作哥海德，商
賈雲集，輪船往來。

哥爾巴拉

阿薩密屬藏布江南岸市埠，亦城名，印度劄記作
箇押兒巴那，稱爲西北小部，其西北尚有小部，
印度劄記作固止必哈爾，學會圖似作比日尼西
其南有小部，印度劄記作各士亞，學會圖作科西
亞，又南有曼尼坡小國，土酋所治，學會圖稱部
當值萬國地志之密運尼坡爾，卽學會圖之日英
堤破爾
東南，

哲孟雄

志略又作木者雄，云降於英爲屬國，卽西圖西金，
在東印度北境，介尼泊爾不丹之閒，北連前藏，南
界大吉嶺，大吉嶺印度劄記作獨吉嶺，學會圖
作答吉陵，英曾割此嶺及南境諸地隸孟加拉，

錫蘭

郡國利病書稱郎古狼牙修。志略又作僧伽刺。亦作楞伽山。文作則意蘭。因產珍奇。稱寶渚。一統志作錫蘭山。地理問答作西倫。泰西新史作新錫蘭在印南印度洋中。英取於荷屬。島西北隅對印度科羅門特爾海岸。西南段僅隔保克海峽。英人呼島為東海明珠。郎佛國記之獅子國。大唐西域記之僧伽羅也。

可倫坡

西征紀程作科隆坡。萬國圖作科隆跋。世界地學作哥倫波府。漢文圖作考老母。外國地理作蓋蘭波稱為第一良港。萬國地志稱為角龍勃首府。出使英法日記作格侖坡。稱以西字拚合其音。當作科郎埠。錫蘭會城名。處西海岸。

堪的

印度劄記作庚低。西征紀程作刋的。萬國圖作坎地。世界地學作甘幾。地理問答作干第。錫蘭中部會城名。居島中央。西南距可倫坡二百里。鐵道相通。又由堪的開一路。直達東北海隅。

加里

一作地因脫甘里錫蘭南部會城名。值島西南隅海岸。

停可馬里

漢文圖作刋火日。日本新地球圖作地利。外國地理稱爲駝蓮蓋馬利良港。錫蘭東部會城名。亦島東海岸。釋迦開教處。

附島

剌克代夫羣島

西征紀程作加來的甫。地理問答作拉嘎代弗羣。圓球圖作拉克答愛夫羣。學會圖作辣喀代父羣。

在印西海中值麻代父島北。

麻代父羣島

西征紀程作遜爾的甫。云即明史溜山萬國圖作麻耳代夫羣。地理問答作瑪勒代弗羣。圓球圖作麻答愛夫羣。又名珊瑚島。島酋歲貢錫蘭長官。在錫蘭島西約五百里海中。又南大海。即印度洋南之太平洋也。有數島。曰新安士但島。萬國圖作唵士特耽。曰三保羅島。平方圖作聖保羅。曰哥羅日島。平方圖作克洛肩。曰卡給郎島。平方圖作怯給郎。

緬甸城部所在

緬甸

卽古西南夷朱波。漢曰撣。唐曰驃。胡文忠圖作阿瓦。圓球圖作杯耳麻。亦作布耳瑪。重女權。北當藏地喀木南境。東北界雲南騰越龍陵邊。東界暹羅老撾西北各部。東南界馬來隅。西北界印之阿薩密孟加拉邊。西南與南均瀕孟加拉海灣。英人既取緬甸古剌。分前後所得南緬地爲四大部。於其舊疆北緬置部六。萬國地理志謂之上下緬者是也。

滿德來

漢文圖作滿大列。地理問答作曼德來。又譯曼大雷。圓球圖作曼豆拉。世界地學作門達列。外國地理作孟特力。萬國地志作曼特來。括地略作孟作罷。平方圖作曼得拉。緬甸京城名。以地望較之。卽北緬北部所領蠻得勒。

擺古部

明大古剌宣慰司地在緬南居下游萬國圖作必辜萬國地志作披及圖球圖作丕果平方圖作丕古西征 紀程作北古英緬南四部之一所領又自分四部曰亨塔瓦諦在擺古南境首城名仰光印度劄記作漾貢萬國地志作倫供漢文圖作拉奴孤翁圖球圖作拉哈果恩地理問答作梛榧萬國圖作冷宮世界地學作南貢港 曰擺古卽丕果値亨塔瓦諦北 地曰薩潦瓦諦値亨塔瓦西北與河同名 瓦曰普羅美圖球圖作魄羅美値薩潦瓦西北火車輪船東南達仰光西南達巴森東北達八莫爲南北緬衝要

伊洛瓦底部

亦明大古剌地値伊洛瓦底江入海處萬國圖作額拉瓦第日本新地球圖仍作丕古剌郡所領又自分四部曰巴心學會圖作巴森萬國圖作拔森圓球圖作发散在本部與上仰光之西爲全部

會城曰通加滙在巴森東仰光西曰亭石埭
在巴森通加滙北曰秦崖模遙在擺古部所屬
普羅美北居南北緬之間昔英未取北緬時以爲
險要緬甸與大古剌舊界亦在此故設險最久

地那悉林部

明底馬撒宣慰司舊疆在東南海隅萬國圖作田
納薩林萬國地志作得那斯來所領又自分六部
曰阿模黑士脫圓球圖作愛謀耳斯特在本部
中央首城名穆爾亹萬國圖作木耳門西臨怒江
入海口市埠頗盛華人歐人多居此北有鎮曰馬
達般平方圖作馬爾達班圓球圖作麻塌班 曰
洞吾亦名洞武城在本部北東瀕西當江 曰歌
衛陸在阿模黑士脫西北洞吾東南北瀕六西當
江鳩克基水 曰撒爾溫學會圖作什威苕溫在
歌衛陸東南居怒江西濱怒江之名薩爾溫者以
此 曰達阿依平方圖作達歪在阿模黑士脫南
南臨達歪河口西臨海島嶼羅列 曰墨爾陷又
稱麻爾古在達依阿南西南臨地那悉林水入海
口口外羣島極便停泊圓球圖作邁基羣島有鎮

日地那悉林圖球圖作台訥蒐
力母值墨階城東南約百里

阿剌千部

在緬西實緬西山外別一區海中羣島亦屬部境
萬國圖作阿剌根平方圖作阿剌喀圖球圖作唵
來刋萬國地志作阿雷根括地畧作阿拉根一作
阿臘千所領又自分四部曰厄開培在本部中
央東臨阿剌千水口地望值仰光西北曰阿剌
千北山地在厄開培西北首城名勢他加平方圖
作埶他加南臨勢他加水入海之口即萬國圖蚩
塔港學會圖浙地港也織工所萃英得北緬所取
地部境與野人接曰遙克非酉在厄開培東南
部境乃海疆與羣島合成以藍木利島爲最大即
圓球圖辣母里曰散多威在遙克非酉
東南北瀕散多威水地甚清曠宜於衞生

北緬北部

地望值野人山南附近孟拱等土司所領又自分
五部曰蠻得勒聖武記作蠻得疑即志畧馬來

城或作們臘者緬王新都曼德來卽此英得北緬以此爲北部會城西瀕瓦第江又南卽阿馬拉普刺城志署所謂安正國城也 曰瑠玭邁匿斯首城名摩谷在蠻得勒北偏東寶石礦爲地球第一 曰肅衞巴在北部中央値瓦第江西繆江東北有山南皆平壤 曰格沙或作麻洞在北部北肅衞巴北偏東有地曰孟養西瀕孟養江格沙値孟養司南爲南出緬甸險要 曰八莫卽新街瀛寰全志作巴摩値格沙東偏北爲中國西南重鎭亦北緬第一商埠英人鐵路擬自八莫西北經曼尼坡山道通印度

北緬中部

地望値南部北北部西南所領又自分五部 曰織耿居中部南境首城圓球圖作阿發地理問答作阿法學會圖作阿瓦歷代緬王舊都緬甸之稱阿瓦者以此鐵路南通仰光北達八莫 曰皎澤値中部東南爲仰光達蠻得勒鐵路必經地 曰允胡在中部中 曰下更的宛在中部西南首城

曰蒙尼瓦值蠻得勒西偏北爲米部總滙曰上更的宛在中部西北首城名更達特西瀕更的宛江江上源與野人山接壤處產琥珀

北緬南部

地望值中部南東部西北所領又自分四部曰緬洚在南部東北境其重鎮名倍南奧斯平方圖作蒲甘郎志畧蒲甘王城亦緬舊都　曰木威在南部東南境首城同名值蒲甘南偏東　曰明濮在南部西南境首城同名值木威西北曰派考克在南部西北境首城同名值蒲甘東北

北緬東部

地望值南部東南南撣西南擺古部東北所領又自分三部　曰美克剔拉在東部最北境首城同名值蠻得勒南偏西　曰崖模昇在東部中境首城同名值美克剔拉南偏東　曰品麥南在東部南境首城同名值崖模昇南二部均當南北鐵踏之衝

拉歇嶺部

亦稱北緬拉歇山嶺部。是爲最西北境。地勢極高。萬峯剌天。荒陋未闢。山北水入雅魯藏布江。山南水入孟加拉海。民皆野番。無城邑市鎮可紀。當距萬國圖之地爬拉。平方圖之西查爾不遠。

喀倫尼部

亦稱喀倫尼山嶺部。當北緬東南隅。南緬東北隅。跨怒江東西兩岸。土人漸從西教。榛莽未闢。無城邑市鎮可紀。

撣人

卽漢代之撣。在暹羅西。緬甸東。分爲北撣南撣東撣三種。北撣南撣居怒江西。東撣居怒江東。英人竭力經營之。部名不全載。又怒東撣人。有葫蘆部。卽石屏州民吳尚賢據開銀廠處。四裔考作葫蘆國。稱一名卡瓦。

野人山

西藏賦稱爲羅喀布占國。衛藏圖志稱爲戳猓鳥魯爾免族。志畧稱爲貉貐野人。西人稱其種爲格古斯。藏人呼其人爲老卡。止在喀木南。騰越西。亞薩密東。緬甸北。英人設官治理。北部土司仍未鋤滅。地歸印度長官統轄。

南掌

明史土司傳作老撾。志畧又作纜掌。北界雲南。西界暹羅。西南界緬甸。本緬別部。一統志稱郎古越裳氏地。俗呼爲撾家。近服暹羅。揮人夾怒江而居。南掌則夾瀾滄江而居也。其首部日降勃剌邦。平方圖作瑣普拉旁。圓球圖作薩恩塔普拉。在瀾滄江東岸。西岸。南岸。各有部。分屬英法暹羅。

附島

安達曼羣島

學會圖作阿達曼。地理問答作安達滿。平方圖作安答曼。西征紀程作安達門。稱分南北中三島。在尼科巴羣北約二百七十里。城曰巴特布來。英隸於印度管轄。值孟加拉海東。緬甸地那薩林部西。

尼科巴羣島

學會圖作呢古巴拉。地理問答作尼哥巴羣。平方圖作尼古巴士。值緬甸地那薩林部西小島盡處。去麻剌甲蘇門答臘未遠。

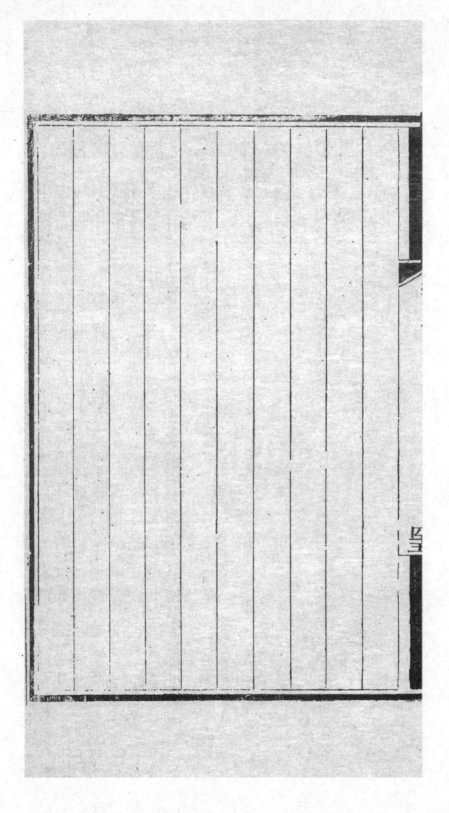

暹羅城部所在

暹羅國

北曰暹南曰羅合名暹羅明人四夷考稱隋日赤土唐曰羅越印度劄記稱即古扶南國郡國利病書稱即古波羅剎自名太伊東界越南西界緬甸北界雲南東南界柬埔寨西南界緬甸馬來隅南臨暹羅海擺人七部在國北老撾五部在國東其國自分四大部

京部

會城即國都在此部中志畧作曼谷又作萬國瀛寰全志又作濱角地理問答作邦革革又譯班喀萬國圖作邦國漢文圖作磐谷外國地理作崩曲古圓球圖作班考克又名般城居湄南江中小島市廛跨江兩岸民居竹筏

北部

地居湄南江兩岸又自分轄四小部曰正北部所屬阿賴亨城偪湄南江上源正幹之東曰北偏東部所屬哥頓脫城平方圖作科拉特爲東埔寨老撾陸路通商要地曰北偏西部曰北中部所屬尤提城志畧作猶地亞圖球圖作阿愛郎阿近又名各倫高偪曼谷北當郎世界地學阿由加明時暹人都此近爲老撾商貨所萃

西南部

在曼谷之北與西所屬城又有五

南部

在暹羅海灣東西兩岸亦瀕海要地所屬城有五志畧稱較著者一名萬巴晒此城西臨海曲者也一名湛地門此城北負山南臨海灣者也又馬來半島東有暹羅屬部六見南洋島地內

安南城部所在

安南

志畧又作越南國云即古交趾北境安南故地有交州城南境占城眞臘故地稱曰廣南外國地理合暹緬等國統稱爲印度支那北界廣東廣西雲南三省西界暹羅東南面中國南海法人近分其地爲四區列下方

東京

新阮以前國都明永樂中爲交州府治地理問答作交州多煤產桂北接中國雲南廣西南界順化東臨東京海灣并富良江　西臨老撾　城曰河內在東京河口法長官駐焉　東京之東偏南約三百里有地名海防世界地學作海防府附近產煤爲各國通商處　海防西北即北甯北甯西南即河內均北圻十六道地

順化

本安南王京城名即新舊阮國都西征紀程稱又名富春一曰西京一曰南京承天府亦稱中國交趾西人名爲呼艾阮氏王自治而屬於法蘭西者也在東京南東與南均臨中國海西界老撾東埔寨偪富良江南岸亦廣南地近法人於城四周置大礮制之 又廣南之南有廣義稱爲右圻二道其北有廣治廣平稱爲左圻二道

水眞臘

近稱法蘭西交趾全志稱下安南漢文圖作佛領交趾阮氏既北合占城置南圻十道自廣和以下皆是久爲法人所奪名爲科琛釆蘭在安南最南境東北界順化北界東埔寨西臨暹羅海灣南與東均瀕中國南海瀾滄江貫其中南入海瀕江地最爲饒沃 接占城故都名祿賴圓球圖作祿奈志畧作龍奈又作農耐東南臨海即今平順城幷歸仁富安廣和邊和等城爲南圻十道者

西貢

眞臘風土記作雜棍漢文圖作柴棍圓球圖作薩變母郎南圻十道之嘉定境現爲法蘭西交趾城名總督治焉置有兵輪南距海海口約一百四五十里爲各國通商繁富處有海線地理問答作西岸云爲下安南京城貼近西岸河口卽西貢也西南三四里東遊記稱有超倫中國城

甘孛智

或稱甘破蔗明萬歷後始稱柬埔寨郡國利病書稱卽吉篾國志畧又作甘莫惹亦作澉浦亦作干波底阿均聲轉圓球圖作開母波沓萬國地誌作賽哺爾斯世界地誌作東克塞外國地理作波更寨古陸眞臘地近賴法八保護在順化西南北之東界老撾北之西界暹羅西臨暹羅海灣酋都南旺西名普洛母本學會圖作拳龍瀕云卽百囊奔外國地理作布耐末兵圓球圖作喀母泡本全志作伯嫩本東臨柬埔寨河入瀾滄江之口南旺北有攸東學會圖作烏東東臨柬埔寨河屬城

名。又法領交址有西向暹羅海灣者。亦
名柬埔寨角。學會圖謂卽志畧爛泥尾。

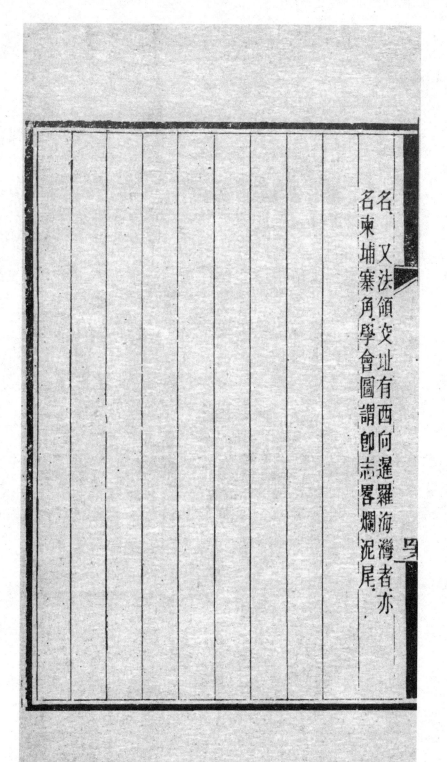

南洋島地所在

馬來西亞

卽志畧巫來由亦作無來由或稱繞阿亦作爪亞亦作武吃地理問答作馬瑠西世界地誌作馬奈西伊亞又名東印度萬國圖作馬來隅脩奧斯達拉西亞西北合婆羅州蘇門答臘加拉巴西里伯四大島而成其在暹羅內海西岸者學會圖作馬來半島西征紀程稱西人名爲班甯蘇拉峽三面皆海中有連山山如脊世界地學稱卽喜馬拉雅山餘脈山東有七小國列下方

斜仔

志畧又作坏仔西征紀程作赤仔在馬來隅極北界與緬南達歪相望 再南爲六坤志畧又作六崑海灣同名 再南爲宋卡海錄又作宋腳亦作宋腒朥學會圖又作森哥剌東北海口爲停泊最佳處 再南爲大哖海錄作大呢學會圖作巴大尼云卽巴大年河名同北流入海西征紀程作巴

坦尼。東有嘴。名亦同。東與爛泥尾相距。再南爲吉連丹。海錄作吉蘭丹。圓球圖作喀蘭坦。河名同。北流入海。再南爲丁噶奴。海錄作丁加羅。西征紀程稱卽丁機宜。明萬歷時與柔佛搆患。極南爲彭坑。薄海番域錄作彭亨。河名同。東入海。以上皆暹羅藩屬。惟彭亨爲自主部落。至者必泛七洲洋。越眞臘之爛泥尾。又彭亨東南有阿能巴島。宋卡北有担來侖島。

新嘉坡

志畧又作新奇坡。地理問答稱一譯星嘎坡。英人呼星隔伯兒。古曰息力。番人稱息辣。卽舊柔佛。明史作烏丁礁林。閩粤人稱新州府。在彭亨南。爲馬來半島山地盡處一內港。西北望麻喇甲。乃南洋小西洋之衝。西南洋諸國船及閩粤商人畢萃。英人購自義火。可握土番。爲屬地。又新嘉坡東嘴名羅馬尼亞。中國會館在此地者名恩格羅。

麻剌甲

郡國利病書云卽古哥羅富沙。曾屬梁時頓遜國。唐曰箇羅。世界讀史圖曰馬路古。漢文圖作馬剌加。世界地誌作滿剌加。外國地理作馬拉加。英志作麻六呷。在新嘉坡海岸西北。英立埔頭。海峽同名。隔岸卽蘇門答臘。島北逾峽。卽印度洋。爲航海必經路。

麻剌甲西北過紅毛淺。卽沙剌我。一作石蘭莪。古石郎國。卽圓球圖薩拉恩果耳。又西北卽皁力。一作勞克來。或卽全志入臘。圜球圖緋拉克。又北卽吉德。隔海峽與檳榔嶼。偪志畧又作記雖。卽圓球圖開答。

自新嘉坡至此。均偪馬來半島西岸。與彭亨等部隔山背。

檳榔嶼

萬國圖作庇能島。世界地學作卑南港。外國地理作偪難島。英人稱爲新埠。在麻剌甲西北海中。閩廣人多。英官總理三埠事者駐新嘉坡。

蘇門答臘

志畧稱即古婆利州或稱須文達那平方圖作蘇門答剌圓球圖作蘇麻特拉萬國地志作斯馬得拉括地畧稱一名西珍一稱亞齊在麻剌甲西南中有大山曰萬古慶南洋最西島也自英以此島埔頭易麻剌甲遂全歸荷蘭矣今畧列其部島如左

大亞齊

西洋人稱亞珍平方圖作亞齊漢文圖作阿丁地理問答作阿真圓球圖作愛栖恩此部屢拒荷人循蘇門答臘島北面西界舊國都在焉東爲錫里即郡國利病書勿斯離平方圖作的里即德里近作日裏　再東爲霤里圓球圖作西阿克學會圖作錫亞克隔紅毛淺峽即西圖南沙與新加坡相望

小亞齊

海錄稱又名孫支在大亞齊西其南爲蘇蕪東南爲巴唐海錄又作叭嗇括地畧作巴當圓球圖

作帕塔恩。稱屬邁南喀。郡國利病書仍。稱巴跋布。乃蘇門答臘西南界大埔頭。東北與霤里等隔山相對。西北與呢士島相值。

茫古魯

或即郡國利病書那姑兒。志畧稱即萬古屢云即利病書南勃利國。圓球圖作本庫楞平方圖作班庫蘭。一作邦古連。又東盡海轉北入峽口。峽之兩岸即舊港。 挍圓球圖於本庫楞隔山又東。繪有帕來母巴恩一部。東即雅母比。與南勃利之音稍近志畧旣以茫古魯當之。釋名欲以巴隣旁當之。未知誰是。

巴隣旁

或即萬國地志之排蘭盆犄。平方圖作巴隣傍。圓球圖作拉母傍。地理問答作巴連旁。萬國圖作帕廉邦。一作巴郎旁。蘇門答臘東南界大埔頭。志畧謂在東北界。誤。釋名謂即舊港。尤誤。

邦甲島

海錄作綱甲山峽名同學會圖作邦加郎岡甲地理問答作班嘎萬國圖作邦喀世界地學作班加此島產鉛錫甚多值巴隣旁東北志畧作崗甲嶼與稱郎丁機宜與西征紀程說異

比里東

萬國圖作比力頓平方圖作比利敦圓球圖作必來唐此島值邦甲東南萬國圖置於邦甲東誤

龍牙

圓球圖作凌噶平方圖作龍加郎古龍牙門此島在邦甲西北富材木與邦甲比里東均值蘇門答臘北面海中

舊港

一統志稱郎三佛齊利病書稱郎古干陀利地學會圖謂之德羅克貝當西征紀程稱跨海可入瓜

哇島西竟謂巽他海峽也。峽在舊港外。括地畧作孫大。萬國圖作孫達。萬國地志作生特。世界地誌作森多。圓球圖作森答。亦稱巽地。卽噶剌巴峽口。以峽東卽噶剌巴也。歐人昔自好望角來。必取道於此。目爲南洋門戶。自有新開河。則不由矣

呢是島

志畧又作呢士。亦作亞呢。海錄又名哇德。圓球圖作呢阿斯。在巴唐西北。西征紀程稱卽古龍涎嶼產鉛錫。又東南島。圓球圖作賽比賓。平方圖作雪必路。値巴唐西。呢是東北島。學會圖謂之巴尼亞克列島。漢文圖謂之三馬兒諸島。均値蘇門答臘之背。最遠者卽尼科巴羣島。圓球圖作蘇逆科巴。學會圖作呢古巴拉。孤崎大亞齊西北海中。野番所居。志畧謂去蘇門答臘遠。不在九國之數者是也。互見緬甸條內。

噶羅巴

一統志稱郎古闍婆國利病書稱即宋齊時闍蒲
毗騫等國舊本續阿番部明史稱瓜哇志畧又稱
呀瓦或作噶喇巴地理問答作加拉巴漢文圖作
查法云郎喀羅巴近史作查哇在巽他峽東與蘇
門答臘隔此海港荷人餌取其地閩廣流寓甚夥
荷人擇立爲甲必丹外國地理又作阿斯吞列島
稱在婆羅猛尋西南北有海與島同名郎
瓜哇海也 瓜哇麻剌甲初均葡人侵畧

巴達斐亞

志畧作巴城萬國圖作巴他維阿平方圖作巴塔
斐亞圖球圖作巴台斐外國地理作瓜他比亞世
界地學作巴達比亞萬國地志作白他維亞港名
同噶羅巴會城名荷蘭總督治焉會埠東有大埔
頭 曰三寶隴平方圖作三馬龍全志作撒瑪郎
圖球圖云琨爲薩麻拉恩志畧云郎海島逸志三
巴郎 曰琛星奔郎志畧井裏汶 日蘇拉巴阿
有鉄道通三巴郎平方圖作蘇拉巴雅地望均在
巴城東 西门萬丹志畧云郎古闍婆
國學會圖似作拔丹圖球圖似作班屯

馬都拉

圓球圖作麻杜拉。學會圖作馬都剌外國地理作斯馬駝拉。準諸地望。卽志畧之外南旺島。與婆羅州南馬神適相值。居噶羅巴東北。不屬荷蘭。

洛莫

志畧又作淪泊。學會圖作琅波克世界地誌作羢伯克。萬國圖作隆博在噶羅巴東稍北。圓球圖稱琅保克。一名麻里者。以志畧誤洛莫島爲麻里。承用之耳。

麻里

志畧又作貓釐。亦作麻黎。一統志作合貓里。又名貓里務。萬國圖作巴里。華人居此島者多致富。在噶羅巴正東。峽名同。二島均產米。圓球圖稱拜力島。一名洛莫者。承志畧謂麻里在洛莫東之誤。

松墨窪

萬國圖作松巴瓦平方圖作松巴窪瀛寰全志作三寶瓦有火山括地畧作遜巴瓦漢文圖作蘇保幹此島在洛莫東地差大志畧稱在麻里東誤

薩爾溫

萬國圖作檀香嶼漢文圖作薩敷平方圖作三多爾島得圓球圖作散答五得又名巴瓦學會圖作珍達拿此島值松巴窪東南

佛理嶼

萬國圖作弗羅力士學會圖作佛羅理漢文圖作夫老來斯世界地誌作非列士此島值薩爾溫東北島北有海名亦同又值瓜哇海東島東六小嶼并平列

地問

志畧又作知汶亦作地門一作地木爾學會圖作的摩爾圓球圖作搭毛耳又作胎墨爾萬國圖作

提麼島。在佛理嶼與六小島之南。東畔埔頭屬葡。西畔埔頭屬荷者曰古邦。圓球圖作庫盼。地問北偏東島。平方圖作委塔。圓球圖作緋透。以上島與噶羅巴均東面平列。學會圖并謂之巽他羣島也。

武羅

志畧又作木魯。萬國圖作補盧。平方圖作布魯。漢文圖作布羅。此島北與地問隔班達海數百里。系荷蘭埔頭。西南郎補唐島。圓球圖作布唐。學會圖作布屯。近西里伯東支。荷蘭大酋駐焉。

西蘭

志畧又作西爾郎莫。漢文圖作賽隆母。一作錫蘭郎萬國圖沙淚島。在武羅東。其地野番食沙穀米。學會圖并布魯謂之安邦羣島。

摩鹿加羣

志畧又作蘇洛。亦作美洛居。又作麻鹿加。亦作馬路古。郎全志謀勒克。近史稱昔爲葡。有在武羅西蘭二島北。荷屬。海峽名同。西南曰安門島。志畧又作安汶。圓球圖作友乞恩。學會圖作巴珍。荷大酋設砲臺於此。東北曰萬地島。圓球圖又作來提。似郎學會圖摩羅台。西曰德拿小嶼。園林甚佳。火山最厲。圓球圖又作散夸。置於來提島北。與他說不符。

濟羅羅

泰西人書作義羅羅。世界地學作計路路。亦曰香料羣島。學會圖又作哈耳馬黑拉。一作士羅洛。一作希羅羅。在摩鹿加東。賦役荷蘭。海峽同名。

吉甯

平方圖作帖甯貝爾。舉北一島而言。學會圖作的摩企老特。圓球圖作塔毛耳老特。萬國圖作提麼勞特。一作第麻耳。亦稱南東羣島。値西蘭南。有埔頭。屬荷。

阿魯

平方圖作阿盧諸島。其下一島。志畧稱暴暴。一作波波。値西蘭東南。屬荷埔頭也。又西北。卽班達羣島。一作邦達。共島十餘。中有火山海名同。値佛理嶼海。又東北。卽全志豆蔻島。

婆羅州

唐婆羅國。一統志又作大尼。稱本闍婆屬國。志畧又作浡尼。萬國地志作瀑納。西人名爲蟠尼阿。圓球圖又作保尼俄。世界地學作布爾涅窩。萬國圖作般鳥。又作浡倫尼。西洋史要作浡泥。澳地理問答作拉婆安島。外國地理作波路尼阿。又作布路二。稱爲生番都邑。卽世界讀史圖大瓜哇。値呂宋西南。居午位。屬荷蘭英占北方。中有息力大山。部依山分東西。

本熱馬星

志畧又作馬神。亦作馬辰。漢文圖作班査邁星。平方圖作班遮邁森。地理問答作笨卡瑪率。括地畧

作巴薩馬神婆羅州東南部名值息力山東畔極
南山東又北有部曰庫的圖球圖作科狹學會
圖又作庫顏再北曰萬喇志畧又作萬老高亦
作萬郎再北郎本田志畧又作崑甸似郎學會
圖布琅玕再北郎八井又名巴薩與馬神均荷初
開埔頭再北郎山打根乃英人建城處以上
地在山東

邦吉亞納

平方圖作旁提安挨克圓球圖作旁提阿那克婆
羅州西南部名值息力大山西畔正中其他居
山西畔極北者曰文萊志畧又作文來郎學會圖
婆羅乃附近文萊小島曰剌蒲恩萬國地志作
盆平方圖作來北恩圓球圖作拉布恩英占
又西南部曰沙拉窪平方圖作薩拉瓦克多華人
耕田極南者曰吉里問郎明史吉里
地問海錄蔣里問以上地在山西

那敦納

圓球圖作那吐那羣島，學會圖作納土納，分南北大三土納，西征紀程作那突拿，謂大那突拿即海國聞見錄之茶盤島，値婆羅州西海中。

安楠巴

圓球圖作阿能巴羣島，學會圖作亞南巴斯羣，在那敦納又西南，値馬來半島東南，荷與前島均隸於蘇門答剌長官。

西里伯

志畧又作失勒密士，萬國圖作西里庇，圓球圖作西里百，萬國地志作西來勃，外國地理作西里卑斯，世界地學作設列布士，地誌作賽拜斯，値呂宋羣島正南，舊屬噶羅巴，近歸和，島分四支，北支曰馬拿多，志畧又作芒拿陀，一作馬那多，東向兩支曰多羅，圓球圖作拖羅，學會圖作蒙多諾，曰摩尼，圓球圖作波尼，南一支曰馬加撒，志畧又作芒佳虱，亦作望加錫，平方圖作馬葛薩，一作馬

嘎撒圓球圖作麻喀撒耳漢文圖作馬喀撒耳海峽同名在島背值婆羅州東南北兩支和均開埠置兵

蘇祿

地理問答作蘇魯值呂宋羣島西南婆羅州東北小國也薄海番域錄稱昔分東西峒三王西班牙以兵力攻之曾爲所敗番族之能自强者有三島相連島北爲蘇祿海南卽西里伯海

斐利賓羣島

萬國圖作斐力批漢文圖作斐律平羣近史作摩拉格加士羣云郎册列賓以國王名名之世界地學作非律賓括地畧作非利賓稱本巫來由番國平方圖作斐力批耶羣美人近改爲麥荆來在婆羅州東北摩鹿加諸島北包呂宋羣島而言并列下方

呂宋島

呂宋紀畧稱爲干絲蠟。又作干絲臘。一名桑洣匝祿。總名日斐利比納。即斐利賓也。初屬西班牙。近歸北美。地望值西里伯島北。臺灣鳳山縣沙馬崎東南。中國閩廣人居此最多且早。

馬尼剌

志畧又作蠻哩喇。平方圖作瑪尼剌。圓球圖作摩里剌。萬國圖作曼尼剌。西洋史要作馬尼拉。漢文圖作麻尼剌。外國地理作馬三拉。世界地學作馬里拉市。呂宋首郡敦多城名。在本島西濱。西班牙舊置官於斯。商埠爲南洋冠。菸葉輸出最盛。稱爲小呂宋。

巴拉灣

志畧稱即海國聞見錄班愛。非是。萬國圖作巴拉挽。地理問答作巴拉完。圓球圖作帕拉瓦恩。漢文圖作帕拉底恩。學會圖又作巴剌瓜。一作巴拉望。此島値斐利賓羣西北。婆羅北。

民答邦俄

志畧稱即聞見錄綱巾礁臘海島逸志作猫仔底萬國圖作民丹臘萬國地志作密達諾世界地學作毘丹諾外國地理作毗特拿阿漢文圖作明答邦我一名悉根郎島灣值斐利賓羣東南此島西有巴息蘭島似即泰西人所稱馬塞島全志作巴西蘭

民多羅

萬國圖作民多羅學會圖作瑞多羅圓球圖作明朵羅即泰西人所稱之多羅島在斐利賓羣中間海名同在島南圓球圖謂之民答邦俄海地理問答謂之蘇魯海志畧又作蘇祿三島學會圖又作滿多羅多

巴乃

世界地學作巴賴平方圖作班艾漢文圖作帕那萬國圖作拔奈此島亦在斐利賓羣中間當即聞見錄班愛志畧以之當巴拉灣尚爲未諦

塞布

志畧作西武云卽聞見錄宿霧在巴乃東南世界地學作設布漢文圖作西布巴乃塞布二島均西班牙與北美苦戰處 塞布東南島平方圖作波荷爾圓球圖作波浩耳 西北島平方圖曰馬斯貝特圓球圖作麻斯巴台疑卽泰西人所稱之馬隣得文東北乃閩人所稱之甘馬力 西南島圓球圖謂之乃格羅斯學會圖謂之尼各羅地頗大

撒瑪耳

志畧云泰西人稱撒馬漢文圖作薩麻世界地學作薩爾馬亦在斐利賓羣中間 西南有島圓球圖 作來伊台平方圖作來提卽泰西人所稱之來地 北有島曰卡丹都安土漢文圖作喀坦杜阿乃或卽學會圖之克田都安司皆所謂斐利賓羣也惟多羅來地本二島志畧誤合爲一耳

巴布阿大島

南洋 一

志畧又作那吉尼。圓球圖作巴布亞。稱一名新幾內亞。即紐勾尼阿。萬國地志作配拔亞。稱其主島爲新拖尼亞。學會圖稱或作圭尼亞。萬國圖作新堅尼。即新吉尼。外國地理作咩刺尼西。又稱巴布亞爲二腰忌二亞。西人謂之白婆耶。在摩鹿加島東南。形如昂首之龜。譯言巴布亞爲卷髮。西征紀程謂島東南屬英。東北屬德。平方圖稱島首屬荷。與澳州僅隔叨來斯水峽。

保爾木來斯比

圓球圖作保叨母來斯羣。值巴布亞島東北太平洋中。英取以爲商埠。德人所取島名畢思馬克。學會圖作畢士麻克羣。亦在巴島東北。相距畧近。

棱羅門

志畧又作新撒羅門。漢文圖作掃羅們羣。世界地學作索路門羣。地誌作蘇羅門。學會圖作撒羅蒙羣。附近巴布亞東南洋島也。德屬。更東。即太平洋。

牛哀耳蘭

志畧又作新耳蘭。萬國地志作新愛蘭。圓球圖作紐阿爾闌。平方圖作阿爾蘭羣。世界地誌作紐卡特尼亞。外國地理作二腰加離蔦二亞。附近巴布亞東海中大島也。西北有島。圓球圖作新罕奴浮。平方圖作新哈羅威。又西偏北島。圓球圖作愛密來耳狄。平方圖作亞德彌拉爾的羣。德屬。

牛伯利盾

圓球圖作紐自力登。萬國地志作新勃列巔。學會圖作新布里代痕。平方圖作新旁美尼。此島附近巴布亞東。與哀耳蘭均巴布亞主島。又東偏南島。圓球圖作新昭濟唵。學會圖作新保加痕維耳。地頗大。値梭羅門羣內。

路義西阿達

平方圖作盧伊昔亞得。學會圖作盧伊斯亞得羣。圓球圖作魯乙斯代耳羣。此島値巴布亞東南下。

臨珊瑚海

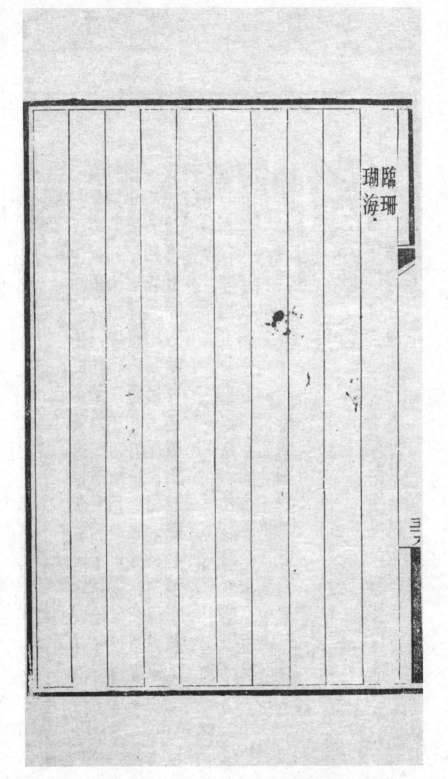

瀛寰譯音異名記卷二　國部城地　附海島　歐州

松滋杜宗預編

俄羅斯國城地所在

俄羅斯

古稱薩爾馬西亞亦名賽馬的亞元初爲蒙古剔部志略作鄂羅斯亦作斡魯思近作斡魯西亞漢文圖作露西亞其地南接黑海高加索山北倚北冰海東距烏拉嶺裏海西界波羅的海及普奧分四部曰波羅的海東部曰波蘭部在歐州曰高加索新藩部曰西伯利部在亞州西伯利已見上

聖彼得堡

平方圖作彼得羅堡漢文圖作散丕透斯拆克四裔考作三皮提里普兒斯科一作彼德布革一作散備德伯俄京城名貼近拉多嘎湖芬蘭海股當波羅的海東岸港口有庫倫士坦得島波羅的

海艦隊根據地也。外國地理謂之箍龍士德軍港全志作卯倫司他學會圖作喀琅斯塔得。萬國地志作殼琅斯塔。

墨斯科

一統志作莫斯哥未亞。云兵力最强。漢文圖作毛斯科。世界地誌作莫斯科。萬國圖作麽士科。志略又作本吉。一作莫斯克窪。又譯莫司卯。又名麽士克瓦。俄大城名。當四境適中地。其舊都也。製造繁富。爲商業上中心。即胡文忠圖瑪古斯歸翟屯巽域錄作麻科斯利。泰西新史作木司寇。四裔考作莫斯窪斯科者。鐵道通京城。

俄德撒

俄史作倭特薩。云英法救土之師曾至此。萬國圖作俄秩薩。漢文圖作奧代薩。平方圖作敖得薩。世界地學作窩鐵沙港。稱扼南部之要。地誌作奧鐵薩。即俄疊薩。俄羅邇近黑海北岸大城名。爲艦隊

根據地。亦第三埔
頭。多小麥出口。

洼撒

俄史作華沙。西洋史要作哇沙。近世史作哇尕梳
圓球圖作瓦耳梭。外國地理作華路蘭萬國圖作
瓦沙哇。亦作瓦稍。地理問答作瓦沙法。世界地學
作瓦耳梭府。稱其地控農業。與德貿易最盛。地誌
作惠爾森。俄羅西南大城。昔爲波蘭故
都。卽萬國地志槐若偵維斯得拉河畔。

利嘎

俄史作喇噶。平方圖作利亐圓球圖作里噶。世界
地誌作列加。地學作里加。稱爲重要港口。其西又
有利薄不湊港。郎里葛。有城靠里葛海股城
西南與普魯斯接。俄羅最近海口商埠也。

阿思他干

俄史作阿思忒拉堪。近史作亞士多拉亘西洋史
要作阿司朧喇干。萬國圖作阿士特拉刋地理問

答作阿斯達干。郎志略阿斯達拉干。裏海最大商埠。城名同。當倭爾噶河入裏海口。與波貿易。括地略又稱爲高加索首部。

尼內諾犄俄羅

志略作尼內諾烏犄羅。俄遊彙編作尼日里諾甫果倮犄特省。圓球圖作逆止泥滓夫果老得。世界地誌作牛幾尼腦維革多。萬國圖作泥什泥諾夫戈洛特。平方圖作泥什泥諾甫哥羅。臨窩瓦河北方城。名地當衢要。貿易圖聚。

以上俄羅緊要大城埠。

倭羅湼慈

萬國圖作俄洛捏士。圓球圖作俄羅乃資。學會圖作犄勒內。俄史作俄羅納交。一作倭羅湼茨。地望在北。値尼俄嘎南。城名同。俄史稱有製造廠。又有山亦同名。

排特羅薩朴斯克

萬國圖作丕特羅薩窩士克平方圖作佩特羅剌弗德斯克此城值倭羅湼慈省南東傍阿尼牙湖

諾甫果倮特

值彼得堡東萬國興亡史作羅孚果羅特云爲俄國祖族西洋史要又作諾維哥洛脫云北人曾入此地萬國圖作諾夫戈洛特圓球圖作淖夫果老得平方圖作諾弗哥羅城名同卽俄史懦味各六近史那烏哥洛伊凡第四曾居焉

拔士科夫

值彼得堡南俄遊彙編作布思果甫俄史作珀斯柯弗卽志略比斯哥弗萬國圖拔士科夫圓球圖魄斯考夫城名同以上省均值波羅的海東

暱幽蘭

疑卽萬國圖科力番學會圖勒佛佘等地已近芬蘭灣出海之口近史作腓利特蘭泰西新史作飛

麗爛云俄法交戰處戰後訂約於離門河中又在芬蘭灣下矣

維波格 地望值芬蘭灣北俄遊彙編作威波爾克圓球圖作斐保格平方圖作威波格俄史作未婆克亦作未薄克俄船曾聚此海灣攻瑞典

遏比俄 俄遊彙編作柯批倭圓球圖作庫俄丕俄平方圖作庫倭丕我北卽烏里俄波格南卽森米叶烈據學會圖乃芬尼舍屬城

森米叶烈 卽萬國圖密處耳平方圖密徹爾一本作桑美塞列者值遏比俄南據學會圖乃非爾斯烏西普剌得屬城

塔襪斯特姑司特

萬國圖作塔瓦土迪壺斯、平方圖作特瓦斯特胡斯、世界地誌作哈辛古佛爾斯、俄史作好星福司、云自此進攻瑞典、有礮臺甚固、南臨芬蘭灣、即全志芬蘭首府黑帝佛、海口又有司佛堡也

比鄂尼波

俄遊彙編作阿波波、平方圖作碧鄂爾尼波格、皆爲芬蘭都會、東南抵芬蘭海灣、西臨波的尼亞灣、釋名混入亞波、又作阿跋、不知亞波乃其南方一城也、

瓦薩

俄遊彙編作瓦雜、圓球圖作發薩、此省值泊得尼阿灣中權、似即學會圖芬尼舍屬城、臨海灣、學會圖作尼科來斯大得、

烏里俄波格

俄遊彙編作烏列阿波爾克。俄史作弗咧得犁克珊。云與瑞交戰處。平方圖作烏里波格。一作烏里俄保格。俄取芬蘭全境。置居泊得尼阿灣上游。芬蘭。卽俄史斐諸蘭。以上省均値波羅的海北。

挨斯特蘭

此省北臨芬蘭灣。萬國圖作伊士吐匿阿。俄史作犁奚阿尼亞。又作額斯妥尼亞。志略作斯多尼亞。圓球圖作愛斯佐尼阿。世界地誌作況斯奚多。海軍根據地也。是處有挨思帖爾波特尼山。亦卽挨斯特蘭綏音。

麗馥蘭

卽萬國圖里窩匿阿。志略里窩尼亞。泰西新史麗芬芽。云俄自瑞取得。俄史作黎縛尼亞。圓球圖作里佛尼晻。近史作利波尼亞。此省傍里葛灣。灣外有五悉耳島。平方圖作威塞爾。稍北有達戈島。學會圖作達基羅特。

里葛城

一本又作比牙黎斯德。北臨里葛海灣。屬麗馥蘭重城。異名見上。其最北方城曰貝奴。萬國圖作帕腦。値皮不斯湖西。

顧阿蘭

俄遊彙編作庫爾蘭。即志略孤爾蘭的亞。初本瑞省。圓球圖作科耳蘭得。此省東北去里葛不遠。里葛西南有米明城。平方圖作彌坦。俄史作密島。瑞俄交戰處。即顧阿蘭京城。

威帖布斯克

志略作威德比斯科。萬國圖作維第比士克。圓球圖作斐臺白斯克。俄史作未的斯克。稱有教堂城名同。在杜味納河北隔河西南。即科夫諾。

維耳納

値科夫諾東南。俄遊彙編作維里納。圓球圖作斐耳那。俄史作伐理喇。云瑞俄曾於此議和。罷兵。亦作偉勒那。云波人曾於此叛俄。亦拿破崙行師處。城名同。 釋名以當飛麗欄。

科夫諾

俄遊彙編作闊勿諾。圓球圖作考夫奴。平方圖作科佛那。俄史作哥特懦。云瑞兵曾守此險。亦作科那。云拿破崙自此入俄。城名同。在尼門河上。維耳納西北。

格囉得諾

値維耳納東南。志略作哥羅得諾。圓球圖作格老得奴。近史作波羅的那。泰西新史作波羅的諾。云俄皇與拿破崙戰處。城名同。 以上省。均値波羅的海南及東南。

洼撒

即志略馬索維亞。俄史瑪所未亞。學會圖瓦薩。昔爲波蘭京城。今爲俄重埠。西界德。 異名見上。

喀里士

萬國圖作卡里什、漢文圖作喀耳施、學會圖作加利斯、郎俄史藹雷介云、列國會議立爲藩部歸俄轄、値普羅茨克西南、隔維士都拉河。

普羅茨克

値蘇襪爾嘰西南、喀里士東北、萬國圖作普羅士克、平方圖作南羅娜、波格、學會圖通作波羅哈、郎俄史波的喇克云、波兵曾議於此運糧接濟華沙。

羅摩厄

郎俄遊彙編羅摸熱、北界德、南界華沙。

蘇襪爾嘰

萬國圖作蘇瓦耳其、平方圖作蘇瓦余溪、値普羅茨克東北、據學會圖或屬格曎得諾。

迦勒芺
一本作加拉哥。郎分屬奧地利之革拉哥。東北界
拉多穆。南界奧。郎學會圖克拉科。地通史要俾勒
尼芝普奧因
波事會議處。

丕特羅尒科甫
俄遊彙編作撒特羅閣甫。學會圖作比俄
特尒哥佛。東北界華沙。西北界喀里士。

比阿里士託
値洼撒東北。格羅得諾西南。圓球圖作比阿力斯
玥克。平方圖作比亞利斯多克。俄史作儆鋑賴蘇
稱奪自波蘭。譯名
郎哥羅德諾。未是。

拉多穆
萬國圖作拉眈。圓球圖作拉道母。平方圖作拉當
俄史作拉接城。云亦自波奪得。値溜卑林西隔河

相對。

哆奪列莢

一作西得勒斯。學會圖作西德尒細。北界羅摩厄。南界溜皐林

溜皐林

値洼撒東南。萬國圖作魯布林。西洋史要作魯連俄史作魯白連。亦作魯林。暱云波將爲俄躡退駐於此。圓球圖作魯白淩。平方圖作魯伯林。城名同。自格囉得諾至此。均在波蘭境內。波蘭四裔考作博厄美亞。一統志作波羅尼亞。志略作波羅斯格。自倭羅涅慈至此。爲俄西北境。波羅的海部省名。波羅的海部。萬國圖作西俄羅斯。

嘶馬連司克

志略作斯摩稜斯科。俄史作斯摩倫斯克。萬國圖作士麽連士克。圓球圖作斯毛淩斯克。法志作斯

莫稜。云拿破崙曾略地至此城名。同。值舊都墨斯科西南。

摩畿略甫

志略作摩宜勒威。萬國圖作歷希勒夫。圓球圖作摩栖來夫疑即俄史繼斐在得尼泊河上游。城名同。值嘶馬連西南。

敏士克

俄遊彙編作明斯克。圓球圖作明齒。俄史作敏斯克亦作冥斯克。云波蘭馬兵弁追俄兵至此。城名同。值倭稜司克北。

策尼戈夫

志略作者爾厄痾弗。學會圖作查尒尼俄佛。俄遊彙編作車爾泥果甫。圓球圖作欽耳尼告夫。城名同。值坡爾塔薇北。嘶馬連南。

坡爾塔礮

萬國圖作頗耳塔瓦平方圖作布多窪西洋史要作普耳拖瓦圓球圖作泡耳塔發卽志略之究俄皇彼得羅嘗於此破瑞典兵旁得尼帕河爲東岸值刻衣夫東近史似作拿佘哇

庫阿士克

俄遊彙編作古爾斯克圓球圖作庫耳斯克城名同值阿略勿南策尼戈夫東

刻衣夫

値倭稜司克西南俄遊彙編作纖耶輔全志作結弗西洋史要作幾愛維俄史作器弗云唐咸通朝亞力都此圓球圖作啟愛夫平方圖作基輔此省當尼帕河卽尼魄耳江之旁爲西岸北人曾來此殖民釋名以當志略之究未諦總說又以諾弗哥羅當之尤乖謬不相應

倭稜司克

萬國圖作窩林士克。卽志略窩黎尼亞。圓球圖外興尼唵。値刻衣夫西北省也。似卽近史烏克連前瑞典伐俄逃避處。

什託窰阿

圓球圖作吸拖米耳。平方圖作什陀彌爾。一作森多迷爾。一作日陀迷尒。俄史作北陀利亞。云波兵與俄戰至此。乃倭稜司克屬城。

赫爾酸

志略作給爾孫。萬國圖作卡孫。圓球圖作欽耳松。當尼帕河入黑海口處。俄史作格而生。稱其地通土耳其。俄曾立王鎭之。城名同。卽全志吉耳孫商埠。下臨黑海。萬國地志作克尒聖艮港。

波多立司克

志略作波多里亞。萬國圖作頗渡里阿。圓球圖作坡朵里唵。俄史作波陀利亞。云曾謀自此伐土。値刻衣夫西南。

喀乜湼芺

萬國圖作卡民匿土。平方圖作干彌內斯。波多立司克屬城。西與奧鄰。

別薩拉必亞

志略作比薩拉比亞。俄史作白薩拉避亞。萬國圖作伯士阿拉比阿。圖球圖作拜薩來比阿。此省値多惱河口西北。土耳其讓與俄國。泰西新史又作卑涉喇犨遊史作亞拉伯尼亞。或卽古時啞吧呢啞。突厥曾開地至此。平方圖似作奇里亞。

嘰深虐甫

萬國圖作其愼尼夫。別薩拉必亞屬城。據入多惱河北一水。或卽學會圖基什紐。

他勿利治司克

志略作搆里達、萬國圖作道力達、圓球圖作叨里達、俄史作澤爾納、値葉喀帖離西南、克雷木東北、

克雷木

道力達屬城名、爲陡入黑海適中處、近史作格利米亞、稱俄與黑海關鍵、泰西新史作開迷啞、云俄攻土首至此、萬國圖作克廉、又作克里穆、世界地誌作克剌米亞半島、漢文圖作克力米唵、世界地學作庫利米亞半島、云巴爾干山東端山脈、直陷於此、接連高加索、外國地理作故未利重半島、稱即昔英法同盟軍攻擊處、俄史謂之磕摩雅、

賽法斯拖剖

萬國圖作西瓦土拖朴耳、學會圖作塞佛斯拖波尒、西洋史要作司巴司託堡、曾爲英法所陷、世界地誌作斯巴斯土堡、地學作設巴士特波爾、稱爲黑海艦隊根據地、有礮臺、外國地理稱些伯士波路礮臺、俄史作思排斯得博、云曾俘土兵艦至此、克雷木屬、南入黑海、

葉喀帖離諾斯甫

志略作厄加德黎諾斯拉甫。全志稱尼哥來弗海軍重地。萬國圖作厄卡塔林諾士賴夫。圓球圖作愛喀臺里奴斯辣夫。卽平方圖加底里亞城。名同。建在得涅帕河上。值哈尒果甫西南。

哈爾果甫

萬國圖作卡科夫。圓球圖作喀考夫。平方圖作哈科佛。全志作加羅哥弗。城名同。值窩囉涅日西南。據入端河西北來一水上游。有馬市。

窩囉涅日

志略作窩羅尼日。萬國圖作窩羅尼士。圓球圖作佛羅乃止。平方圖作窩羅尼斯。城名同。值貪博甫西南。哈果甫東北。距窩羅涅日河上。卽合端河之水也。

端斯喀耶

萬國圖作端科薩士克圓球圖作當考煞克斯學會圖作當科薩克斯。屬城。平方圖作尼日揑池尒斯喀雅。在端河自東折西。將入阿速夫海處。此省似即志略之加的勾巴爾的哥。

諾倭箣爾喀斯克

萬國圖作諾窩策卡士克。圓球圖作奴佛鈫尒喀斯。平方圖作諾佛支尒喀斯克。在端河南。屬端斯喀邪。自嘶馬連司克至此。均俄西南境黑海部省名。萬國圖作小俄羅斯。又作南俄羅斯。

特威爾

志略作的威爾。圓球圖作特緋耳。萬國圖作提伐俄史作忒菲爾。稱曾在此立都。循舊都墨斯科西北。城名同。

葉落斯訥甫

志略作日羅斯拉。萬國圖作雅羅士賴夫。圓球圖作亞羅斯拉夫。城名同。據倭爾噶河即窩耳葛河上游值科斯得羅馬西。

尼日里諾甫果倮特

即志略尼內諾烏痾羅。漢文圖亦作逆止尼緯夫果老得者異名已見上條。其城爲緊要埔頭名同在倭爾噶河與倭嘎河會流處。值喀聳西偏雜北。即瀛寰全志尼希挪法哥拉。萬國地志稱爲諾維喝拉特。云商埠。互見。

喀聳

志略作加匽。萬國圖作喀散。平方圖作喀山。近史作加貿云俄伊凡南征攻得。即元史柯散。城名同。在倭爾噶河上。值星比爾東北尼日里諾甫正東。

星比爾斯克

志略作新比爾斯克。萬國圖作星比阿士克。學會圖作森比尒斯克。圓球圖作星抔士克。平方圖作

斯比爾斯克城名同在倭爾噶河西偏雜東

薩拉奪甫

志略作薩拉德夫萬國圖作薩剌託夫圓球圖作薩拉叨夫城名同亦在倭爾噶河西探路記稱此地兵最強悍俄曾移置海蘭泡及伯剌等處値薩馬剌西貪博甫東

薩馬剌

俄遊彙編作薩馬拉圓球圖作薩麻拉漢文圖作撒摩羅平方圖作薩麻剌城名同値薩馬剌河南薩拉奪甫東亦在倭尓噶河東方

科斯得羅馬

志略作哥斯德羅罵萬國圖作科士特洛馬圓球圖作考斯特羅麻平方圖作哥斯得羅馬城名同在倭爾噶河上値雜亞特喀西葉洛斯納甫東

阿略勿
志略作疴勒爾萬國圖作鄂里耳又名鄂羅夫圜球圖作奥老夫城名同在端河上游之西圖拉西南

喀嚕嘎
一作加魯亙志略作加婁亙萬國圖作喀魯葛圜球圖作喀魯噶俄史作喀酉葛又作介路轄云土曾至此襲俄値圖拉西北端河上流西南

圖拉
志略作都拉萬國圖作吐刺一作都臘盛鐵業百工萃集地城名同値端河南岸喀嚕嘎東南一說即元史禿里思哥

列簪

志略作赫阿匽萬國圖作、里阿散圓球圖作里阿薩恩平方圖作利森城名同在倭嘎河上值圖拉東北偏雜西北往西北利要路

瓦拉的迷爾

俄遊彙編作務拉的密爾萬國圖作乏刺第米阿圓球圖作之來底米耳漢文圖作埭拔爾爲俄舊京城同名值提伐東南墨斯科東北

貪博甫

萬國圖作探博夫圓球圖作塔母保夫一作旦摩甫郎志略當波弗城名同值薩剌託夫西阿略勿東

偏雜

萬國圖作瓉薩圓球圖作緋恩薩郎志略奔薩元史所謂欽察城名同值星比阿斯克西南貪博甫

東北

唯亞特喀

萬國圖作維阿特喀圓球圖作斐阿特喀郎志略維亞德加城名同在維亞特喀河上隔河與科斯特羅馬相值

撒爾穆

萬國圖作珀穆歲鑛產漢文圖作撒摩爾圓球圖作剖母郎志略白爾摩城名同在卡馬河上逼近烏拉大嶺括地略則作白爾木稱爲高加索斯境內地或今昔情形不一

烏發

圓球圖作奧法俄史作窩氏與烏拉嶺近蒙古昔建金部於此河名城名均同南界倭連布北接撒尔穆

倭連布爾克

萬國圖作俄連堡。全志作阿仁布勒。俄史作倭倫堡。圜球圖作奧倫抔克。郎志略痾倫不爾厄城名同。地據烏拉河上游。北與烏發相望。接連西域回部蒙古互市於此。自特威爾至此。均俄國東南境裏海部省會。裏海部。萬國圖作大俄羅斯。

阿爾寒節黎司克

萬國圖作阿刋結耳。全志作阿堪遮。圓球圖作阿干基耳。郎志略作亞爾干日尒。一作亞干日者。城名同。臨白海。爲北境海口重鎮。俄史稱阿爾壂隔埒云。彼得乘新造風車船。自此出巡北冰洋。

俄尼嘎

漢文圖作阿尼牙。其地當俄尼嘎河入白海之口。白海。學會圖又稱威得海。

窩保格達

萬國圖作倭洛答學會圖作倭羅格達漢文圖作佛老格達城名同爲白海部極西南境值維亞特喀西北阿尒寒節西南

墨森城

圓球圖作米森學會圖作默森值墨森河入北冰洋之口乃白海部最北境又在阿尒寒節城東北

普士拖薩士克

值墨森城又東北平方圖作普斯多塞斯克圓球圖作羅必斯喀近丕楚刺河入北海之口爲白海部最東北界據學會圖乃薩摩伊得蘭省之屬

自阿爾寒節至此均俄國北境白海部省名

附島

歪喀寺島

平方圖作隈嘎赤學會圖作隈甲赤一作歪加子圓球圖作發愛噶子

諾歪阿森里阿島

卽漢文圖牛西島見前。平方圖又作諾瓦則穆列。云卽諾歪亞森力亞新地島。與上一島遙遙對峙。如門。南小北大。東卡拉海。西北冰洋。卽地理問答之那法、森伯拉羣島。世界地誌之那維亞、與東布辣也。

科耳圭夫島

圓球、圖作考圄夋夫平方圖作科里圭甫。此島値提滿山外北冰洋中。西南與卡甯角相望。

卡甯角

平方圖作喀甯山頭。圓球圖作開甯。世界地學作加零半島。値墨森河海口東北。

科拉隅

學會圖作可拉半島。外國地理作蓋拉半島。値白海北岸。與卡甯角相對。世界地學作科蘭半島。云所以擁護白海西北卽剌普蘭萬國圖作臘魄蘭地.

五悉耳島

此島與達戈島阿蘭島均在波得尼阿海灣內.本屬俄互見瑞典內.

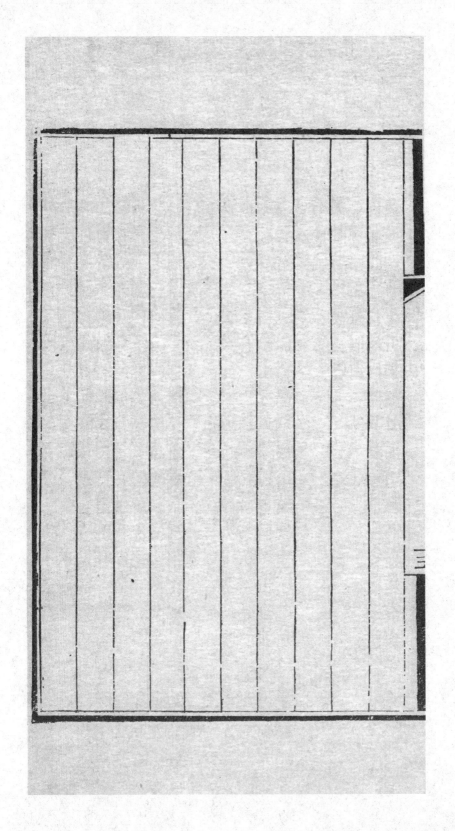

希臘國城地所在

希臘

一統志作厄勒祭亞志略又作額里士亦作額力西古稱海臘斯地理問答作希利尼世界地學統稱巴幹半島外國地理統西土等國稱伯路更半島卽近史巴尒亘的西洋史要伯尒干東至希臘海東南至地中海北界土西北界意自立國

亞的加

志略作亞的架西洋史要作雅底加又作瓦拉拁曾爲波斯所伐希臘首府名貼近希利尼海都城曰亞德納斯在海灣卽世界地學意計拿灣乃希利尼海曲入處亞德納斯一作亞地拿卽雅典

譯音

福的阿的

希臘北境府名。或即學會圖阜基斯。及弗多
的斯塞拜斯即學會圖德伯斯。在其東南。

亞加爾拿尼亞

志略又作爾加地。首邑曰瓦拉說黎。云在西界海
灣。歐洲圖考稱與雅典同在希臘北境。與志略不
符。待參。按志略所稱西界海灣。即世界地學科
林士萬國志數林夫及巴辣斯。謂在西界海灣北
非謂其正臨西界海灣也。西洋史要稱科合斯古
國。地學稱赫林士爲北希臘。即全志海拉斯漢文
圖。唵忞斯等地。與亞
加尒拿尼。尚隔海灣。

亞爾哥黎大

志略又作拿破里。歐洲圖考作哥林的。學會圖作
亞尒歌黎斯及科林斯。希臘迤南五府之一。會
城名腦北里亞。括地略作奴比里
亞。建在海灣深處。爲通商大埠頭。

亞加亞

即學會圖亞徹伊亞及伊利斯。亦遮南五府名。會城曰巴達辣斯。西洋史要作發塞矓斯愷撒破本貝軍處。圓球圖作怕特那斯。歐洲圖考作巴答拉斯。即亞辣斯。學會圖作巴辣斯。在西北臨海岸。海口以穩固稱。亦通商埠頭。

亞爾加的亞

亦遮南五府名。首邑曰的黎破里薩。志略又作得破勒撒。平方圖作的黎里薩。更在上兩府南。亦堅城。曾戮土人居守者。山河多發源於此。東臨腦比里亞灣。

拉哥尼亞

萬國歷史作拉可尼閃州。學會圖又作馬拉多尼西海灣同名古司巴達。即其首府。志略稱為海中大嶼。首邑名迷斯達拉。一作希達。歐洲圖考并稱為遮南五府之一。在亞尒加的南。按希臘遮南海中有槎里戈島。此府地望。即值此島北。

美塞尼

志略作美塞尼亞。又作墨所龍義在極南。即西洋史要米沙倫克。歐洲圖考亦稱迤南五府。首邑曰亞爾加的亞。極南堅城。膏腴爲希臘最。又南一城。漢文圖作麻里喧。學會圖作伯里亞。西洋史要作摩列亞。圖球圖作摩里喧。世界地學作謨列阿號南希臘者。即在美塞尼南。外國地理又作毛鞋亞半島。俄史作慕利雅。云曾受土虐。萬國地志作馬利亞。云在殼林地峽南。

羅哥黎大

首邑曰薩羅大。志略又作座撒羅尼加。歐洲圖考稱爲希臘府名。志略稱爲十部之一。當在最北。似即學會圖薩羅尼加。平方圖塞拉尼加。柏林定約時歸希。互見西土內。實一地而分隸者。

憂卑亞島

府城名同。學會圖作憂卑亞及斯波拉德斯。首邑名哥羅奔多。志略又作尼鄂奔多。此島最近平

陸即西洋史要愛彼爾司東方一島地[illegible][illegible]西界
耳島。世界地誌作牙比亞二島。志略爾霞西里亞
歐洲圖考稱爲希臘迤東島。蟠峙亞耳居伯海中。
圓球圖作乃格羅旁特島。全志作內克洛捧德。音
於哥羅奔多爲近。位置
亦居東方。志略說誤。

西格拉大島

志略作昔加拉大。萬國圖作徙克拉第士羣島。地
通西洋史要撒拉米。興亡史沙拉米斯灣曾敗波
斯處。圓球圖作希俄。會城在西拉島上。名黑爾
摩堡城。志略作黑爾摩波利斯。又作摩方亞。此島
學會圖稱阿治貝。歐洲圖考稱西拉府。合眾小島
以成。頗富饒。即世界地學列固爾賁地誌薩克來
芝島。與土都
多往來汽船。

要尼謁島

希臘迤西島名。歐洲圖考作以阿尼羣。學會圖作
伊奧尼亞羣。圓球圖作依愛俄尼安。世界地誌作

阿奧尼安，英人入佔，後讓還希國，治以三府，列下方。即括地略埃奧尼羣島，又作埃奧尼恩者。

各府島

萬國圖作科非，四裔考作哥而府，全志作即耳弗，圓球圖作考數，以阿尼羣島三府之一，在北，接希臘，值西土南界，地形多賊連出入，以阿尼羣島當在土屬阿耳伯匿阿西南。

散地島

歐洲圖考作薩精德，萬國圖作三德，圓球圖作散提學會圖又作剎勒陀，以阿尼三府之一，值占花羅南。據全志尚有以他加島。

占花羅島

志略作喀花羅尼，萬國圖作其法羅尼阿，圓球圖作賽法羅尼阿，以阿尼羣三府之一。秦西新史稱拏伐麗奴海灣，為英土交戰處，當在此島左近。俄史又作那佛理灘，稱為希臘海口，土兵船泊處。

息利莪島

萬國圖作槎里戈，全志作撒瑞勾，圓球圖作德里果，值拉哥尼亞灣東南，千地亞海西北中包島嶼無數，爲希南境。又南復有息利莪多小島。

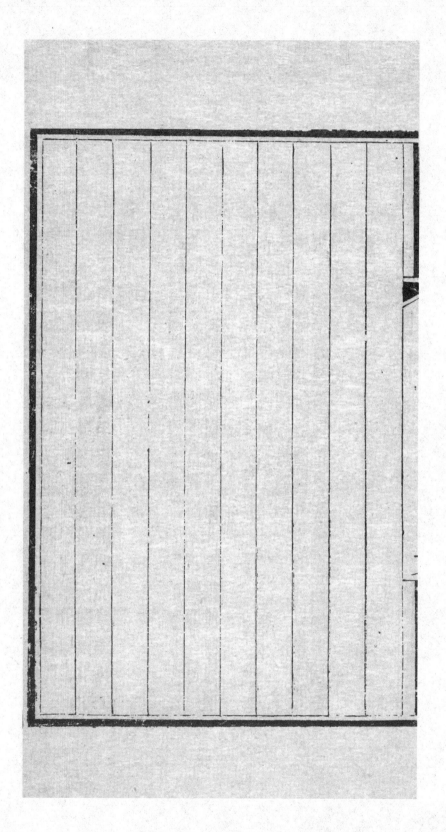

西土耳其國城地所在

西土耳其

出土耳谷曼族、志略又作控噶爾、世界地學作俄多曼帝國、外國地理作阿駝孟帝國、稱爲黑海岸古利末亞島部、歐洲土耳其也、東及黑海、馬麻剌海、西連亞得亞海、暨奧地利、南枕希臘及希臘海、北至奧及俄羅、本希臘十二國地。

羅美里亞

志略又作路獸利、一統志作羅馬泥亞國、萬國地志作羅昧尼亞、學會圖作東羅馬里亞、泰西新史作羅美連、圓球圖作魯米里唵、外國地理作路咩里亞、西土耳其建都部也、都城曰君士但丁、初爲羅馬東都、志略更名士但不、萬國圖作孔士旦丁奴蒲爾、又名士旦蘼爾、泰西新史作背恩丹、圓球圖作康斯坦剔奴魄耳、西洋史要作根斯丹典、地理問答作根斯旦第挪伯、稱爲古義大利京城外國地理作剛斯坦池耐布路。
卽公膽廷建在黑海峽口西岸。

亞得婆

俄史作阿得犁亞挪珀拉。萬國地志作阿特利納堡。學會圖作亞德里雅那堡。萬國圖作阿得力阿諾勃爾。泰西新史作雖篚拿洎兒，云係俄土會至此。平方圖作亞得里那浦。西洋史要作阿得里阿奴布爾。萬國圖作阿得里阿堡。舊日首都，遷爲君士坦丁堡乾要城、南有城曰加利者。學會圖作加利波里，在馬海峽，値他大尼里峽西北岸，爲互市地。

撒落尼克

卽平方圖賽拉尼加。學會圖賽羅尼加。萬國圖撒羅尼克。西洋史要薩羅尼加。世界地學作沙彌尼加。稱爲多島海濱貿易港。亦西土省名。志略又作黑坐義。稱其地形入海灣。與希臘鄰。一本作特塞利。全志作帖撒利。光緒四年。柏林定約已歸希臘。又北城曰伊派勒斯。平方圖作塞勒斯。西洋史要作

塞薩里亦柏林定約時與希至光緒六年復還屬土

伊什科的拉

據學會圖地望即萬國圖阿耳伯匿阿又名阿納武特勒萬國地志阿尒排尼亞者會城名都拉索萬國圖作杜耳覲約値門德革羅東南學會圖則以斯庫臺里爲會城萬國地志又作斯克貪來稱直隸州

雅爾那

萬國地志作乾尼納稱直隸州萬國圖作雅尼納圓球圖作雅尼那泰西新史作啞吧呢啞又作雅孟尼亞歐洲圖考稱土省學會圖同據萬國圖則爲西界海灣阿耳伯匿阿屬城此處與希臘多有毗連出入土本希臘十二國地故耳

日薩壹爾

志略又作亞刺萬云在海濱其人善戰稱西土精兵　會城曰藥翰尼拿歐洲圖考稱此首合亞爾居伯小島以成半在歐洲半在亞洲非是一說曰薩壹爾卽阿耳伯匿藥翰尼拿卽雅爾那與圖考學會圖又殊阿耳伯匿柏林定約時曾歸之門德革羅全志稱阿勒巴尼亞

摩拿斯提拉

萬國圖作蒙阿士提阿地志作蒙納斯推值土屬塞羅尼加西據學會圖首城名埃爾巴森亦西土屬部

補耳加里阿國

志略作西里斯的黎亞又作不可萬國地志作培尒喝利亞俄史作布喝利亞亦作蒲克利亞歐洲圖考作的加拉稱當希臘羅美里亞北圓球圖作保該力阿漢文圖作蒲克利亞地理問答作波勒嘎利亞近報作保耳嘎利亞平方圖作保加利亞本西土北方部名現自立世界地學作弗爾加利

亞俟國。西洋史要作保加利亞公國。外國地理作布路涯里亞獨立公國。不受土制。北抵多瑙河。南阻巴尒幹山。栢林定盟認爲半主國者。即泰西新史勃而忌里亞。沿海有屬城。曰摭納。俄史作伐奈。云曾分兵攻此處礮城。即圓球圖發那。學會圖瓦那。全志法耳那。

索斐阿

志略作所非。地理問答作梭斐亞。圓球圖作梭斐喻。萬國地志作沙否亞。補埠里阿會城。名亦大市。所轄城有形扼山險。爲北門鎖鑰。特禦戎軍者。曰瀕剌。值摭納西。曰特那。佛萬國圖作脫諸法。或即俄史剌思爵。在河南。曰斐定。俄史作惠定。云曾降俄。俄即全志偉典。萬國圖維定。學會圖威丁。又在順剌城西北。曰昔斯拖發。學會圖作西斯陀佛。在惠定東。均北阻多惱河。南界山。大抵皆防崴城堡。

羅米利亞國

西土　二　三

亦作羅美里阿學會圖作羅馬里亞志略作襪拉
幾亞又作瓦拉基地理問答作魯馬尼阿萬國圖
作羅馬尼阿圓球圖作瓦來啓唵舊名瓦拉支外
國地理作路馬二亞郎俄與土戰之路彌利亞北
阻大山南距多惱河界內多設險處昔為西土部
落現自立不受土制西洋史要作克力米亞云即
譔路維亞華拉加二州合成華拉加泰西新史又
作嚤喇唄西洋史要作瓦拉加昔制於土今歸羅
米 北力山郎卡批提安山脈與
奧連者其國郎古時巴奴克里亞

不加勒斯多

志略又作布加力俄史作蒲克勒斯得云昔攻土
至此萬國圖作布卡力士特地理問答作布嘎勒
斯歐洲圖考作蒲加勒斯德圓球圖作布噶來斯
世界地誌作巴哈斯多外國地理作布加離駝羅
米利亞
都城名

摩爾達維亞

三

志略又作末大味。俄史作摩勒達。又作摩捋達菲亞。云曾自此攻土。圓球圖作毛答斐晻。近報作末西多尼。昔西土耳其極北部名。値羅米利亞國北會城名雅西。志略作鬐西。又作牙西。俄史作約西。平方圖作頁西。地理問答作亞西。稱爲魯馬尼亞國大城。與俄接。

加拉斯

俄史作瓦拉克。括地略作瓦拉支。平方圖作哥拉斯。全志作准拉乞亞。君士旦丁考作加拉剌。羅米利亞北方河濱要城名。商務絡繹。歐洲各國設督辦多惱河水利局於此。爲扼守要害。　沿河城。萬國圖作息利利士特里阿。括地略作西里士的黎亞。俄史作西利斯雅。云曾駐兵攻土。亦作西立斯低亞。圓球圖作西力士特力晻。値河南。　又西城曰虜士初克。平方圖作魯士籒克。亦沿多惱河南岸。與都城布加勒斯多隔河相値。

塞爾維亞國

志略又作息味括地略作沙威俄史作晒味亞亦作塞未亞全志作色斐亞萬國圖作塞維阿學會圖作塞爾濱地理問答作棱斐亞漢文圖作蒐斐唵外國地理作些費亞又作赦路贍亞講義作塞爾加里亞在補加里阿西波士納部東昔爲西土部落光緒四年柏林定盟爲自立國世界地學及外國地理均稱王國

比革拉德

志略作古盧德師亞歐洲圖考作別甲萬國圖作必耳格拉特平方圖作伯爾格來得外國地理作俾路古離塞爾維亞京城名或郎俄史葛勒格拉云曾守此攻土地亦用兵處

克拉德瓦斯

圓球圖作克拉果崖發賚平方圖作克拉哥伊瓦斯歐洲圖考稱爲別甲東南城名塞爾維亞王嘗避居於此

門德內革羅國

漢文圖作門的乃格羅萬國圖作卡拉達稱郎黑山國西征紀程作蒙特勒格羅西洋史要作門的內哥世界地誌作孟的古辣地學作門鐵涅固俟國外國地理作望顛尼古羅小國一稱公國在土國北亦柏林定約公立　都城名色典基萬國圖作薛天約學會圖作蹇的格內外國地理稱首府日磋磋料萬國地志稱塞替此國郎泰西新史闆呑籌蹋鈴在意國海口對岸貼近阿得力阿海民甚勤勞

諸威巴薩

平方圖作諸維巴薩圓球圖作匪尼巴薩城名同當郎俄史陀蒲喇薩稱有大澤俄爲土敗逃於此值門德內革北方

千地亞島國

漢文圖作囒狄阿亦作干地泰西新史作嵌提亞海島地理問答作革哩底西洋史要作革雷底島世界地誌作苦里多萬國圖作刊鶻爾又名克刻特地球韻言作克利得又名克島外國地理作更治亞一名革雷得會城曰干尼亞萬國圖作刊地阿地中海大島名値希臘南亦土部落屢欲不服一稱革哩底總督島則已不受上制矣曾爲回回教徒所殺生俄與各國干涉又東即土其阿島尚屬土以上西土耳其域中自立各國

奧地利亞國城地所在

奧地利亞

古時名勒西亞諾力加巴諾尼亞等部。譯言東國。萬國圖作奧士地利阿。地理問答作奧斯馬加。亦作雙鷹國。世界地誌稱當巴爾堪半島西北。合匈牙利而成國。西北界德。東北界俄。南界十。抵亞得亞海。及意大利。西接瑞士。舊有日耳曼匈牙利波蘭意大利等國地。今已不與日耳曼會盟事。外國地理稱立憲帝國。

上下奧地利亞

萬國圖作上下奧士地利阿。志略稱南曰上。北曰下。舊有日耳曼地也。上奧地利。卽平方圖安給斯波格等地。下奧地利。卽平方圖薩爾斯波格等地。據圖當是東曰下。西曰上。

靈斯

萬國圖作林士。圓球圖作淩子。平方圖作林嗣。上奧地利省會名。值多惱河北岸。西一城曰帕掃。即萬國圖巴曳值多惱河南岸。當因河入多惱河西。

維也納

志略又作危阿納。亦作味隱。法志作亞威納。地理問答作偉恩。萬國圖作維恩納。又名溫。外國地理作贍燕拿。俄史作未伊拿。奧地利京城名。古多惱河要道。水陸交通極便。在下奧地利界內。各國會議退還拿破崙侵地於此。南有城。萬國圖作烏士特力克。西洋史要作奧斯特利支。近史作亞士他列。泰西新史作奧特利司爾。巖邑法拿氏勝奧處。或即學會圖紐斯大得特。

撒耳斯蒲爾

萬國圖作撒耳士堡。平方圖作薩爾斯波格。值的羅耳東北。城名同。此部與上下兩奧地利。均奧王發跡處。

斯的里亞

志略作義士的里亞又作以利亞萬國圖作士德利阿學會圖作士的里亞五金鑛為物產大宗屬城曰格拉子即萬國圖格列士學會圖加拉德斯此省值上下兩奧地利南撒耳士堡東西北有城曰布魯克西征紀程謂其東山中有臘伯河源

的羅爾

志略又作地羅里萬國地志作其羅州北郎巴威里全志作第羅勒盛蠶業萬國圖作的羅耳戰史作底的洛利圓球圖作紼羅那法志作的路爾云奧將為拿破崙敗退保處值兩奧地利西南西與瑞士接壤

音斯不羅各

志略又作隱不萬國圖作因士勃魯克的羅耳會城名在北西有地萬國圖作搏拉耳勃學會圖

作佛拉尒波格。南據
羅地空山。西鄰瑞士。

克林

當郎學會圖喀尼劃拉。萬國圖卡匿疴剌。上奧
地利西南部名。偵加靈的東南。斯的里亞又南。

來八

西洋史要作來巴。俄奧法會議處。萬國圖作來巴
克亦名虜勃拉納。克林會城名。西北部曰加靈
的。學會圖作克倫地亞。萬國圖作卡林提阿。又名
刊田。俄史作噶犁西亞。似郎西洋史要瓦喀倫法
破奧處。會城曰克莅根槫。學會圖作克
拉根佛尒德。圓球圖作克拉根浮特。

壹黎里亞

當郎萬國圖意士剔利阿。學會圖伊斯的里亞一
作意斯德利。一作意斯得。偵克林西南。亞得里海
西北。乃地中海大埔。
全志稱加宜阿拉者。

的里也斯德

志略又作得利益。萬國地志作得得離依斯胒。云有水銀坑。平方圖作的里他斯得。圓球圖作特里愛斯特。萬國圖作剔力厄士特。世界地誌作梯里愛斯胒地理問答作德列斯德。壹黎里亞會城名。卽外國地理駝利腰士。內有波拉埠海軍重鎮。卽萬國圖波剌。

格拉子

萬國圖作戈勒士。似以的里也斯德爲會城。與志略大歧。格拉子。似泰西新史鼓裏雖。法王鏄禮僑居處。學會圖又作科斯蘭西。臨威內薩灣。

不威迷亞

一統志作波夜米亞。興亡史作波耶米亞。志略又作伯閔。亦作波希米亞。西洋史要作波袞米亞。漢文圖作坡們。又名波希米唵。萬國圖作波希密阿。又名伯門。世界地學作波赫米亞。近史作波哈米亞秦西新史作波醯密矮云法王逃死處暫擴略作白海米地形阻山舊本日耳曼列國爲奧所滅嘗卽俄史波思南尼亞偪上下奧地利北土田最沃地生金

巴拉加

普國圖作勃勒格地理問答作拍拉罕圖球圖作魄來務近史作布拉克云昔新教徒嘗遁是城世界地誌作普勒克地學作布列固稱當卜耳白河上流沿河與普通商法志作弗列兗西洋史要作卑拉古又作普拉格稱爲普奧訂約處波希迷亞會城名東南城曰布特維上平方圖作布得威斯圖球圖作怖得瓦愛斯値摩耳刀河東

摩拉維亞

志略又作默鄰俄史作墨雷未亞云師伐法退至此近史作摩拉比亞萬國圖作摩拉維阿括地略作摩里維亞値不威迷亞東會城曰阿里木極爲堅固平方圖同西南城萬國圖作勃倫工緘既

圓球圖作白崙學會圖作布隆全志稱布倫多首府。以上係有舊日耳曼地。

米蘭

圓球圖作密蘭法志作美蘭亦作的蘭當即萬國圖密蘭諾屬倫巴多値的羅爾東南際亞得亞海。本奥舊有意地然歐洲圖考地理全志萬國圖均不載此省於奥知與威內薩久爲意轄矣。

匈牙利

志略又作翁給里亞亦作班那里阿括地略作塞牙里一統志作翁加里里亞歐洲圖考作宏噶利亦作烘革里漢文圖作亨格里俄史作亨格利地理問答作馬加泰西新史稱曾與各大國禦法於此萬國圖作馬雅鄂薩克郎恆加利奥國東界爲匈牙利地以匈牙利曾合於奥故也即上下那盧彌地產銀。

伯堡

阿牙利都名。建於多惱河濱。有鐵橋聯絡。世界地
學稱左岸日卑士。萬國圖作拔什特。近史作菩黎
士堡。圓球圖作排斯特。秦西新史作沛司忒。右
岸日扶達。萬國圖作布鐸。又名痾芬。地理問答作
布達。圓球圖作布答。郎志略伯息補地諸城。合而
言之日扶達卑士。平方圖作布達佩斯。外國地理
作布他俾士。世界地誌稱布特派士脫。云合
哺達拜璽二部而名。伯堡止得左岸一城。

士額丁

萬國圖作色結丁。值梯索河東。鄂羅特西。阿牙利
所轄城名。　又西南日馬里亞城。萬國圖作馬利
阿鐵里士丹諾浦耳。　此外西北舊城。與奧京維
也納隔河對峙者。萬國　圖作不勒士勃。曾讓與法。
平方圖作普列斯波格。西洋史要作普列士白克。
　最東北城。值梯索河上源者。萬國圖作索鐵瑪。
學會圖作薩特馬。　東南城。值多惱河北者。賁萬國
圖作鐵美士瓦。圓球圖作臺邁斯發。平方圖作特
墨斯發。　北隔麼羅什河城。萬國圖作鄂羅特。學
會圖作亞拉得。　其他阿丁堡。剌固城。五廟邑等

處異同不盡可核。刺固西征紀程稱卽伯臘。

達郎西里瓦尼亞

值布哥維納西南。匈牙利東南。志略又作七山。俄史作法蘭果尼阿。萬國地志作得倫赦維尼亞萬國圖作特蘭斯耳哇尼阿。亦名爾迭耳鄂撒克。俄史又作阿北格。云土敗奧處。會城曰黑曼萬國圖作黑爾曼士撻。平方圖作黑曼斯大得。西郎所屬晃城與土互市極繁盛。疑卽萬國圖布士中一城曰路瑪克。萬國圖作餒瑪克。北一城。平方圖作格羅斯瓦。萬國圖作克老先勃。又名科老什瓦。圓球圖作格羅斯瓦透安學會圖作克老散波格。

哥羅瓦西亞

值斯加拉窩西北。志略又作可刺。萬國圖作克羅厄西阿。學會圖作哥羅地亞。值匈牙利南。達郎西里西。會城曰亞哥郎。萬國圖作阿格藍。圓球圖作阿格老母。卽法志亞爾格城。

斯加拉窩尼亞

萬國圖作士拉窩尼阿。括地略作斯加拉烏尼亞。稱値哥羅瓦西亞西。據圖在東南。會城曰挨塞。各郎平方圖細薩嗣。萬國圖額西克。圖球圖發賽克與達郎哥羅二部。南界皆鄰土。合力抵禦。

達爾馬西亞

俄史作達兒美低亞。稱曾界法。志略又作搭馬西洋史要作搭兒馬其亞。學會圖作達尒馬提亞。古西羅馬地。萬國圖作達耳麥西阿。鄰土多爭戰。在亞得亞海濱。與壹里亞相接。會城曰撒剌。萬國圖作撒拉。圓球圖作拉果薩。所屬加他羅城。號稱險固。平方圖載此城而不載撒剌。似以此爲會城也。以上係有匈牙利地。

加里細亞

志略又作牙里西。括地略稱郎波蘭地。學會圖分東西加里細亞。萬國地志稱葛利西亞。低地有鹽坑。即泰西新史雪雷維，云多俄種曾欲自立者，俄史作革里西雅，亦作希尼雅，云曾駐兵防輿圓球圖作該里希晻，亦作喀利斯亞省，萬國圖作加里西阿，世界地學作堪利夏州，會城曰稜卑爾各。平方圖作稜卑爾多，法志作稜非爾，世界地學作磷巴閣府，即志略鄰山，萬國圖廉勃，圓球圖來母拜耳格，內有書院，此部北與俄接，曾圖波將於此。

布哥維納

萬國圖作卜可維納，學會圖作布哥維亞，本土耳其境，割屬奧，附波蘭部，倫埠里細亞東南，會城曰達爾奴波羅維，一作那鄉頤耳，東北城萬國圖作察諾為西，平方圖作塞那維嗣，圓球圖作傳奴蔚斯克，據入多惱河普魯斯河上游。

革拉哥弗

萬國圖作克拉庫夫，又名克拉哥，西洋史要作撲拉格，近世史作克獺，俄史作格勒苟，平方圖作克

拉科氏學會圖作克拉科圖球圖作克𣑅考在奧國北西加里細亞西貼近俄羅斯爲古時波蘭京城以上系有波蘭地

巴威也拉

萬國圖作巴瓦里阿值奧西北多惱河自此入境此部爲德意志合衆國之一各圖并載於奧以此圖侯曾爲奧王爾查理第七也

悉利西阿

值摩拉維亞北萬國圖又名什里司恩近史作斯利士亞西徵紀程作細勒西亞稱此部分屬德奧屬奧者有特拉波城萬國圖作特羅保其西北山中爲阿得河發源處按亦割自日

伯利斯倫

志略作波斯尼亞亦作不尼泰西新史作波斯年又名波斯聶地球韻言作波森利亞平方圖作斯

波拉多。世界地誌作泊士里亞。西洋史要作波斯
納。俄史作婆斯尼亞。亦作尼科法志作波斯崙萬
國地志作簿社納。圓球圖作保斯尼唵。此部値萬斯
加拉窩南西土極西北境。有二城。一曰波士納
薩衣。學會圖作波斯拿塞來。一曰毛斯塔。即萬
國圖摩士體。平方圖摩斯塔。自俄土議和後。此遂
方歸奧。韓。疑即泰西新史謂大鼻又名摩[illegible]背吉
云。昔爲土否。中間曾割歸羅馬。釋名曰當摩達維
近是。

哥維納

萬國圖作赫些哥納。萬國地志作海余起殼維納
泰西新史作海螄哥飛拿。世界地誌作哈賓可維
捸。地球韻言作赫次戈納本屬土俄土議和後以
此歸奧屯兵。尚有厄爾日城亦歸奧。據學會
圖摩斯塔乃
各味納首城。

奧　二　三

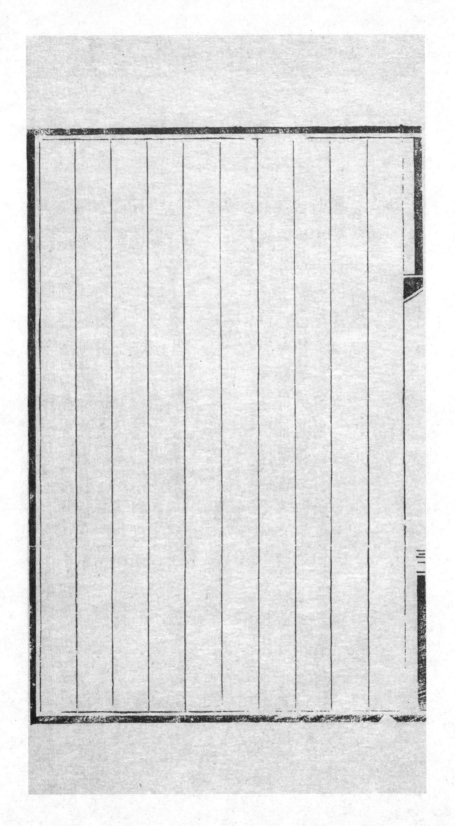

瑞士國城地所在

瑞士

志畧又作東色楞蘇盃隆。舊名勒嘎。地理問答作稅資。世界地學作瑞西。在德南奧西法東意北。外國地理稱小共和國。亦山國。志畧稱分二十二部。

伯爾尼

志畧又作北耳尼、地理問答作伯諾。萬國地志作陛倫。世界地誌作波倫。漢文圖作抔恩。外國地理作北倫。世界地學作畢澀府。萬國圖又名璀。瑞士京城名。是爲首部。在北方。

蘇克

學會圖作蘇格。在瑞腹地。城同部名。

烏黎

萬國圖作烏利。四國日記作越利。僱蘇克南。瑞士腹地部。有城曰阿耳鏵。一作亞多弗。學會圖作亞爾塔佛。疑即四國日記果斯雪囊。

孰的斯

志畧作孰義的斯。萬國圖作什威士。一作色鉡斯僱蘇克東南。瑞士腹地部。城名同。山自此部西南行。

盧撒爾拿

萬國圖作魯璇。圓球圖作魯蒐恩。瑞士腹地部。城名同。在湖西。與蘇克隔路士河。

弗里不爾尼

志畧稱在腹地。疑即萬國圖格拉勒士。學會圖作加拉利斯者。城名同。釋名取音近以傳累堡當之。與志畧地望異。

翁德爾瓦里的

萬國圖作恩達窩耳頓。一作所羅頓。値曾璇南。瑞士腹地部。有城曰士坦斯。一作斯丹

給里孫

萬國圖作格里順。學會圖作安普刺子。一作額里渠。瑞士東方部。有城曰顧阿。學會圖作佳爾。

桑牙祿

萬國圖作聖哥耳。學會圖作桑牙稜。一作牙尼瑞士東北方部。有城曰窩連士撻。一作瓦連士達。

獨爾痾維亞

萬國圖作吐阿高。瑞士又東北部。有城曰孔士頓士。學會圖作君士坦。東臨湖。名亦同。當郎圓球圖康斯坦斯。但位置稍岐耳。西洋史要作孔斯丹支。云曾開宗教議會。

亞奔塞爾

萬國圖作阿徧些耳亦瑞士東北方部城名同包桑牙祿界內在其北

巴勒

值梭律勒北志畧又作巴悉學會圖作巴西爾萬國地志作培爾萬國圖作伯悉耳又名伯耳四國日記作伯勒瑞士北方部爲四國交衢別一城日伯頓學會圖作巴登值入來因河阿河東與此音近而殊

蘇溺世

萬國圖作蘇溺克全志作租利革瑞士北方部城名同萬國地志作才蘭士稱爲文學中心外國地理作超烈希稱絹業甚盛南有湖名亦同因部而得受通稱

梭律勒

萬國圖作索柳阿學會圖又作梭羅士尼圓球圖作楸力施瑞士值北方部城同名地形半在伯爾

尼界內。

亞爾疴維亞

學會圖作亞拉烏。萬國圖作阿高。一作阿俄威阿。在魯璇北。值瑞北方。有城曰阿蘭。在北。曰伯頓。值阿河東。郎巴登。在東北。

砂弗塞

萬國圖作沙扶厚生。一作砂弗毫先。此部值極北方。錯處日耳曼界內。城名同。

瓦烏的

志畧又作熱尼瓦萬國圖作烏。又名否。一名稔特。值瑞士西方。臨申尼夫湖。風景甚佳。善造時辰表。有城曰蘭生。學會圖作羅參內。西界法。

日內巴拉

志畧稱在西方，以地望準之，即萬國圖奴什阿迭耳、學會圖紐沙德爾，本屬普，維也納盟割附於瑞城，名同。北界法，東北界普。釋名無所附載之，於申尼夫，大誤。

牛弗砂德爾

志畧稱在西方，以地望準之，即萬國圖傳累堡城，名同。學會圖誤作弗里不爾厄，本屬普，亦維也納盟割附瑞。釋名以奴什阿迭耳地當之，取音近，大岐，與其所論山脈一段亦矛盾。

瓦來斯

萬國圖作瓦勒，又曰瓦里士，一作法累斯，本屬奧，亦維也納盟割附於瑞，德國西南方。有城曰西昂，一作西，按學會圖作西汪，又作西田。

加拉利斯

志畧稱在西方，跨弄河，以地望較之，即學會圖微微吏，萬國圖微耳奴夫，或微勒奴夫，北臨申尼夫

湖東南隣瓦來斯。有城曰馬的基學會圖作馬的格尼。釋名誤以格拉勒士當之

德西怒

萬國圖作德齊諾。又名德散。四國日記作迭山瑞士南方部。城曰羅卡諾學會圖作羅喀那。儀部南有屬城。又在南方。萬國圖作魯幹諾。四國日記作柳街諾。學會圖作柳加那。

申尼夫

萬國圖又作建尼法。學會圖作給尼發。即及納維人。精鐘錶。西洋史要作瑞內瓦。外國地理作嗟尼伯市。圓球圖作齋尼瓦。之世界地學作設湼窩府。云曾開萬國弭兵會。地理問答作若內弗。瑞士極西大城名。近若內弗河。儀申尼夫湖尾。

意大利國城地所在

意大利

志畧作意大里亞。亦作羅問。亦作那嗎。即世界地學意大利半島。稱大秦國。又稱教宗國。或曰羅馬。法志作伊太里。云曾屬法。北界瑞。西北界法。東北界奧。餘土伸入地中海。如人股箸屐。立憲王國。維也納會議後。各國舊分其地爲大國四。小國五、近改省。

羅馬

古稱教宗國。一統志稱羅瑪城、跨泰羅河尾。意大利都城。占世界美術極點。多古代遺跡。即西域聞見錄務魯木。志畧稱四大國之一。

臘丁

萬國圖作拉丁。學會圖作來土穆。羅馬都城屬此。志畧未載。北有屬城。萬國圖作維塔波。平方圖作威特波。

阿勃魯薩

在臘丁東。學會圖作亞布魯索省。萬國圖作阿勃祿蘇。丁所屬西北城。萬國圖作阿根剌。學會圖作亞基拉。圓球圖作阿魁拉。釋名。卽以之當阿勃魯薩誤。

翁比喇亞

萬國圖作晻勃里阿。值拉丁東北。多爾加納東南。泰羅河流經其界。卽學會圖猶木布里亞。所屬北方城萬國圖作伯魯吒。學會圖作貝魯基亞。

多爾加納

志畧又作突加拿。西洋史要作脫斯加拿。瀛寰全志作德斯嘎那。圓球圖作透斯開乃。萬國圖作拖士卡納。括地畧作多斯加納。世界地學作脫士加尼。東南界羅馬。西南臨海。卽泰西新史吐絲加尼稱農業首。

古大國。

佛羅稜薩

萬國圖作裴連薩。四裔考作福楞察。全志作裴連色。西洋史要作福羅淩斯。法志作普魯漣。漢文圖作夫羅淩斯。即外國地理超連。稱爲製造生絲大地。泰西新史福祿廉司。海口同名。加納都城也。

北撒

學會圖作比薩。萬國圖作皺薩。全志作畢撒。云名人嘎利利瀘生處。加納所屬古城名。臨阿若河口。有斜塔。昔盛今衰。一說即斯拔薩未諦。此値佛羅稜薩西北。又北乃馬撒。學會圖作馬薩。又西北乃斯拔薩耳。

里窩那

萬國圖作力窩諾。全志作利弗那。出草鞭。加納海口城名。市舶咸萃。阿諾河口即在其北。北隔河與北撒相望。

盧加

萬國圖作祿卡。志畧稱小國。今屬加納爲大坡。鎮南陽河[illegible]里寓那相值。

薩爾的尼亞

志畧又作沙力尼阿。亦作撒地尼。西洋史要作薩弟意。即學會圖利高里亞。興亡史沙叚跌亞。萬國圖作甲沽力阿。秦西新史作薩釘泥鴉。本大島國因此島而逐羅馬。遂以島名名其西北國名也。即愷撒作守之高里地。値多爾加納西北。與瑞佛接壤。古四大國之一。又自分四部。 都城日土林。志畧平方圖作都靄。秦西新史作兎靄。圖球圖作吐淩。全志作度利那。志畧稱在撒歪部內。西征紀程作撒丁。稱在辟門部內。即萬國圖丕厄蒙德。曾割與崙者。全志作別度門。秦西新史作撒邯。鐵道穿舍里山。可通法。

熱那亞

即熱尼斯在海隅昔爲地中海公市一統志作熱奴亞萬國圖作土必悉阿地志作才拿亞法志作熱綱云嵩取意自亞奔嫩山腰至此地球韻言作然恩稱爲屬里沽力阿省要口亦薩分部 釋名作與齊羅阿不分誤

齊羅阿

佰熱那亞西學會圖作薩窩那萬國地志作思諾亞近史作志那亞全志作適挪亞世界地誌作賽羅亞西洋史要作齊奴阿世界地學作設諾阿云有港爲南歐門戶萬國圖作巖諾伐云在巖諾代灣頭即外國地理嗟耐亞稱軍港貿易場第一者亦薩屬乃科倫布誕生地泰西新史稱爲耕羅芽自主國

倫巴多

郎萬國地志羅般代平原學會圖倫巴爾多萬國圖作隆巴地阿興亡史作羅巴特云曾爲科爾門所征世界地學作肉門巴泰西新史作倫巴提稱曾爲奧得郎意西北大部值沙沽力阿東北爲波河大流域古龍巴提族

米蘭

倫巴多屬世界地學稱波河流域大都會全志作米拉挪四裔考作蘱朗近史作美蘭泰西新史作迷蘭西洋史要作密蘭萬國圖作密蘭諾外國地理作昧蘭市值北部平野中央爲絹織物大市場郎地密倫昔割屬奧今屬意又米蘭西南大埠曰亞力山德萬國圖作阿勒散得力阿亦意闤闠藪北隔波河城萬國圖作諾哇刺西洋史要作諾窪拉薩王爲奧敗處又北城萬國圖作阿羅納學會圖作亞拉那近史作阿那哇渣利斯曾由此入法。似志畧額摩拿

罷味亞

西洋史要作巴維亞萬國圖作巴斐阿泰西新史作怕飛耶米蘭屬城南臨波河隔河又東堅城日曼士亞近史作曼的亞云其地溪流極多發源瑞士入波河拿氏行師處即萬國圖曼施法

那不勒斯

値委蘇火山之麓灣名同志畧又作揑不爾上稱與西治里島合爲一大國西征紀程作拿破里輿亡史作布列而士漢文圖作那魄耳法志作[illegible]波爾稱曾侵羅馬出使英法日記作拏波利稱意陪部西洋史要作額喘耳東遊記作奈波里世界地誌作奈普拉士府地學作湼布爾府括地畧作那不衆司萬國圖作那頗利外國地理稱尼布路士大都會美山水東西南三面皆海偪意南境正地形似鞾屐處泰西新史作拏坡螺螄云法王曾以王其姊婿　北有城曰喀普阿學會圖作加普亞萬國圖作卡普阿　西北城平方圖作加厄大萬國圖作格厄塔灣名亦同泰西新史作甘塔

西治里島

萬國圖作細細利四裔考作西齊里亞世界地學作西西利泰西新史作細細哩漢文圖作薩薩里又作昔昔里外國地理作詩詩里一作什士力一作西基利値意南方東北與那不勒斯接島中多火峯爲地中海大嶼

巴勒摩

萬國圖作巴剌麼圖球圖作帕婁麻法志作巴列摩世界地誌作泊勒麥西治里島會城名値西北隅可泊兵艦又西城萬國圖作特拉扳尼平方圖作特拉巴尼値山北近東山南二城一曰卡塔尼阿平方圖作喀大尼亞一曰塞利孤薩平方圖作塞拉庫西

墨西拿

萬國圖作美西納圓球圖作邁西那東遊記作黑西拏世界地學作米西拏英法日記作莫西拿西洋史要作美地拿西治里島東北埠頭名相近海峽名亦同隔峽城圓球圖曰來得卓即萬國圖

勒佐與墨西拿東西相望其地當屬卡剌勃利阿半島西征紀程作勒格俄稱與墨西拿夾兩岸市埠繁盛

以米利亞

萬國圖作閭密里跨西洋史要之伊利利阿昔曾爲羅馬所畧學會圖作伊彌利亞全志作哀米利亞値力沽力阿東北會城萬國圖作波崙雅圖球圖作波羅那即平方圖波羅格那西洋史要波羅固那有大學校

巴爾馬

志畧又作巴馬稱小國萬國圖作帕馬萬國地志作排拉瑪近史作巴路馬西洋史要作巴兒馬在里沽力阿東摩德拿西北抵波河即泰西新史帕兒馬云曾與摸蹄那首起叛教皇

摩德拿

萬國圖作末秩薩圖球圖作毛代那近史作馬多列地近史要之馬金塔東南連羅馬西連帕馬古小國即秦西新史撰蹶那俄史摹地那云奧將與法戰處二小國均屬以米利亞曾欲伸民權

摩納哥

即麻納哥志畧稱在薩爾的尼境內古小國世界地學則作讃拏哥稱爲法國境內一小獨立國萬國圖繪入法界乃局外小國南臨地中海西北界法之尼士取遊賫給國用西洋史要作瑪連哥云拿破侖大破奥軍處互見

勝馬里扈

圓球圖作薩恩麻里奴萬國圖作三馬林諾學會圖作三馬力諾志畧稱在羅馬境內古小國世界地學稱山馬利諾共和國近阿多利亞海岸首府日馬利諾今自立全志稱散瑪利那民主國是也

安科吶

圜球圖作安科那。萬國圖作安科緉。東北臨亞得亞海。與威內薩均意國東岸通商埠頭。可泊兵輪。

瑪爾折斯

萬國圖作馬雪士。學會圖作馬澈斯。值以米利亞東南。阿勃魯薩西北。據圖勝馬里虐安科吶均爲所屬。

威內薩

志畧又作非匿。即維尼斯。圜球圖作緋逆斯。興亡史作芬列斯。全志作分伊劑。秦西新史作蜚耐天。又名飛尼士。西洋史要作威尼司。世界地誌作費尼斯。萬國圖作溫匿西阿。志畧稱城建於七十沙帶上。世界地學作別里士港。稱在阿多利亞海島中。爲古時强國。亦世界絕大貿易。後衰歇。自運河開又漸盛。値意東北。可泊兵輪。威內薩與奧[illegible]里也斯德省東西相望。昔割屬奧。自奧爲普敗。乃歸意。

味晉薩

萬國圖作維先撒、威屬、西南城曰味羅拿、學會圖作味羅那、萬國圖作哇郎納、又東城曰巴士亞富、書院、即萬國圖巴多法、近史巴斯亞、并屬威、偱波河北、

斯披薩

亦作蛂薩、全志作司排嘎、意國西岸通商埠、可泊兵輪、臨海、屬加納、地球韻言作波賽、秦西新史稱披沙海口。釋名以當北撒末諦、

西威大佛克雅

似即西洋史要鎖翡麗奴、法帝薩王合敗奧軍處、屬拉丁、圖球圖作希斐塔緋啓阿、在羅馬北偏西、方、與熱那亞斯披薩里窩那拿波里、同為西岸通商埠頭、而羅馬西北城曰格羅悉多者、西征紀程作格羅塞托、地望又在西威大佛西北、當屬多爾加納、

喀斯特馬勒

萬國圖作卡剌勃利阿興亡史作阿拉伯里亞世界地學作加拉布利阿半島有山同名由阿比零山系南端歧分而成意國東南岸通商大埠亦省名可泊兵輪又在那頗利東南與細細利島隔美西納海夾當卽近史加伊布拉土泰西新史加本推利又名家婁那哩者云曾唱立民主會　屬城考森薩萬國圖作科仙薩西傍大山

加細利加

學會圖作波西利加大萬國圖作拔悉里卡特在山東卽那頗利東南　其西北曰堪板尼亞萬國圖作堪攀雅繪入那頗利界中學會圖作干巴尼亞在山西西洋史要作干巴尼阿云曾屠美撒拿一說卽那頗利領部非是

波利加士多羅

學會圖作波里喀斯特羅萬國圖作波利卡士特羅灣名同堪板尼東南屬城近史稱曾爲維尼士取去者與加細利加隔山

阿普利阿

西征紀程作亞浦里亞稱有勒塞部之哥利波里鎮與亡史作亞克里亞云曾爲北狄所襲地望在那頓利又東南自卡剌勃利阿至此皆昔那不勒斯國屬土

布林的西

萬國圖作勃林底西全志作伯林第西圓球圖作拍淩底西世界地誌作普林基希亦意國東南岸通商要埠當歐人至印非之衝與塔蘭隋均屬阿普利阿塔蘭隋似卽西洋史要達倫屯云曾毁羅馬船圓球圖作塔拉恩拖學會圖作大蘭多溯此埠西上經那頗利境又北城鎮萬國圖作曼扶勒多尼阿圓球圖作曼乏里朵尼唵海灣名同意國東岸阿得力阿海水曲入處也大蘭多灣又

伊奧尼安海水曲入處。

附島

科士島

地理問答作哥西嘎，萬國地志作夸西克，西洋史要作科西嘉，學會圖作哥爾塞牙，世界地學作哥爾西加，漢文圖作考里嘜，外國地理作蓋路時加。在意北，屬法，島名。北有城，圜球圖作拜斯剔阿，平方圖作巴斯的亞，萬國圖作巴士梯阿，今爲府，南臨海峽，郎撒丁島。

薩甸牙島

平方圖作撒丁，法志作撒爾的，亦作撒窩亞，地理問答作撒第尼亞，漢文圖作薩狄尼唵，西洋史要作薩諦尼亞，世界地誌作薩地尼亞，地學作沙爾幾尼亞，外國地理作沙路治二野，文作沙路池二亞，郎志畧薩爾的尼亞，屬意，值國西南，四面灣島無數。西北城，萬國圖作撒薩剌，平方圖作撒撒

里。圓球圖作藷薩里。東南城學會圖作喀格拉
里。萬國圖作卡耳雅利。全志作嘎勒耶雷。云郎首
府。圓球圖作喀雅里灣
名同意。由此島以興。

厄耳龍島

圓球圖作愛耳友。西洋史要作愛來巴。俄史作愛
而拔。西征紀程作埃爾白。連合軍竄法王拿破崙
於此。值多斯加納西。郎法志厄
襪島。島西峯曰喀班尼。產鐵。

里巴利諸島

圓球圖作力拍力羣。西征紀程作黎巴利小島。世
界地學作利波里。地誌作士孤伯黎。值細細利島
北。卡剌勃利阿西南海中。羣島中如士剔隆波
利。學會圖作斯特蘭玻里。薩利納。學會圖作薩里
納島。均火
峯。屬意。

馬里他島

萬國圖作馬耳他有馬耳他岙與細細利島相隔郎馬他地志作麥爾太小島地理問答作米利大俄史作馬立德世界地學作馬爾塔英志作馬爾達郎毛爾楊値意西南爲地中海停泊戰艦處英人守以重兵扼海權相附有戈索島地理問答作哥梭圓球圖作諾梭英設巡撫

以士其阿島

西征紀程作伊斯查稱在那頗利灣北岸郎學會圖伊什亞

卡伯利島

西征紀程作開普里學會圖作喀普里在那頗利灣南岸古羅馬皇避暑處

直耳約島

西征紀程作吉格里俄在西威大佛克雅西北海中郎學會圖吉格畧

蒙德格力士爰島

學會圖作曼特克里斯托。西征紀程作蒙特支尼斯多。在直耳約島又西。

丕厄洛薩島

西征紀程作拔羅薩學會圖作拔亞若薩在蒙德格力。西北。島北爲厄耳罷島。

德意志合衆國城地所在

德意志

即日耳曼與普魯士合稱日耳曼一統志作熱爾瑪尼亞志略又作耶馬尼。普魯士志略又作曷堙雅。稱單鷹國。括地略作布魯斯。德意志世界地學稱獨邐其疆域宜分兩段紀述。普魯士東界俄北距波羅的海南界奧國西離日耳曼界荷蘭比利時日耳曼東界奧普西接荷法。西南至瑞意。北達波羅的海。舊以奧爲盟長今爲歐洲六强國之一。

巴郎的不爾厄

志略又作班丁堡。全志作巴郎丁堡近世史作班斯的又作佛蘭丁尒比。郎蔦國圖勃蘭登堡圓球圖白拉恩登佈耳西洋史要布蘭甸白格。、普魯士東部之首。沿俄達河。都城在焉。

百爾靈

志略又作木爾靈。亦作伯林。圜球圖作百陵。外國地理作卑耳林。巴郎的都城。今德國京師爾凡士大都會。東有城埠。傍俄達河。俄史作福倫福得云。曾爲俄奪去。爾議會。會有大市。萬國圖作法蘭德。西洋史要作夫蘭克扶特。萬國地志作弗倫克否晚。下方圖作法琅佛德。西南城日保斯丹。萬國圖作勃士敢。西洋史要作奧斯丹。學會圖作波的斯坦。傍河西。法勝普處。現爲陸軍重鎭。

波美拉尼亞

俄史作波末雷尼亞。志略又作破墨鄰。西洋史要作本薐拉尼亞。萬國圖作蓬曼。又名蓬馬蘭尼阿。圜球圖作泡米來尼唵。使德日記作卜美阿尼省。在巴郎的東北。臨波羅的海。泰西新史又作補梅蘭芽。稱日破法後各國割隸於普。地鄰瑞典。亦普東部。

斯德丁

俄史作斯德店。志略又作士得丁。萬國圖作士鐵廷。使德記作士日丁。繙以礮臺爲城。圜球圖作[illegible]

臺廷。當郎近史士多拉西蘭府。云威靈斯久攻不下。波美拉會城名。値俄達河濱。海舶雲集。所屬波羅海濱率他港城。敵不能破。額林城。招集遊學。學會圖作倭林。近史作哥林。圓球圖作仆蔆當値萬國圖窩林島左近。吉林城當郎萬國圖科士林。平方圖科爾波格。文士所居。

細勒西亞

志略又作治勒。萬國圖作悉里西阿。又名什里司恩興亡史作妻里幾音。萬國地志作西利濟。稱產鐵煤。使德記作式里秦。圓球圖作薩愛里西痷外國地理作詩力西。西洋史要作西里希亞。俄史作西里西雅。在巴郎的東南。西南偉人等山。俄達河發源處。亦普東部。所屬鄂佩爾城。郎萬國圖痾蒲林。學會圖作俄北尼。城曰俄北痕河經其西

北勒斯勞

志略又作伯老。圓球圖作白來斯老。萬國地志作婆利斯露。萬國圖作勃列世羅。世界地誌作布勒

德二　四三

士拉地學作布列斯路稱爲俄墺陸路貿易場外
國地理作布叨士撈稱製鐵所臨俄達河細勒西
亞會城名郎俄進布地遇法兵之布都斯克此
外濱河列城五日瑞匿學會圖作瑞得尼自曰
勒匿平方圖作里拉尼自學會圖作里格尼自萬
國圖作勒匿士曰額剌萬國圖作戈勒士學會
圖作咯勒士曰裳告曰匿
士學會圖作尼西均以堅固稱

薩克索尼亞

志略又作薩普法志作薩孫全志作撒梭尼圓球
圖作薩克掃遜俄史作薩克瑣尼在巴郎的西錯
處日耳曼各部志略稱爲普東部宋元嘉閒曾據
英地疑即興亡史盎格魯撒遜西洋史要喀丁尼
云電報始此釋名混
普界薩孫於日耳曼

馬得不爾厄

志略又作鄰得堡當即萬國地志蠻特噶堡萬國
圖麥德堡一作瑪提堡者薩普會城名世界地誌

作馬代布哈。稱在厄耳白河中流左岸。外國地理作馬爹布路。稱爲製糖業極盛處。全志作瑪革德伯。近史作馬克的布尒。云昔爲特利尒所圖。

普魯士

使德記作普愛孫。括地略稱布魯斯。志略稱有東西二部。以此部之名爲國名也。在極東北境臨波羅的海與俄連接此東西二部。今東普魯士所自分。

哥尼斯北爾

括地略作哥尼士卜尒。全志作革尼斯伯。德儒閣德故里萬國圖作科匿土勃。萬國地志稱爲康尼喝斯斐猗港。俄史作果尼斯拔。學會圖作哥尼斯不尒厄。圓球圖作扣尼斯抔克志略又作王山。稱爲普會城。據圖嘗爲東普會城。

馬稜威德

萬國圖作馬利恩瓦達。在西部界內。一說爲普舊都。或卽西普會城。全志以但錫克爲會城矣。

但錫克

志略作但澤城。俄志作淡西克。又作但得西格。萬國圖作丹塞。圖球圖作丹特昔克。海灣名同。卽但才爾。輸出谷物港。億維克士耳河入波羅的海處。系軍港。亦大埠頭。億普舊都馬利恩瓦達北。志略稱屬普。所屬又有城。曰得實平。方圖作斯得。日益平。系大海口。當卽萬國圖額耳平。學會圖厄尒奔。西洋史要哀斯烈奔。路德生處。北瀕海灣。最東與俄接者。曰干姆濱。南萬國圖作甘稟嫩。又化爲的尒西特。當卽西洋史要梯西脫。萬國圖提耳薛。法普俄訂約處。據圖哀烈奔在薩索尼。

波森

志略又作波新。圖球圖作拔新。全志作波痕。在班丁堡東。本波蘭地。普與俄奧三國瓜分。遂屬普。亦東部會城。同名。所屬西南城。有格洛殼。學會圖作格洛高。卽俄史葛羅碎。云曾爲俄奪。東北城。

萬國圖作伯隆勃．平方圖作不郎不尒厄．學會圖又作布羅姆波格．

維士德發里亞

志略又作西法．法使德記作回世脫發倫．西洋史要作委斯脫法利亞萬國圖作威士法蘭．又名威士法里阿．圓球圖作外斯特緋里阿．秦西新史作威士法利亞小國．稱法會王．其弟．即近史華士巴利亞云曾訂約於此．志略稱普西部所分南一部名會城曰閔士得．當即西洋史要冉斯閔曾立教耐．萬國圖作門士塔．在西北．按普西部．即來因．普魯斯．與東部隔日耳曼列國．不相接．

勒那納

括地略稱即萊尼部．志略又作如勒．稱普西部所分北一部名以地望準之當在萬國圖都悉耳鐸夫左近．即志略奚鄉．學會圖都西尒德．全志杜奢尒多甫．稱屬上萊尼．又自分上下萊尼兩部．秦西新史稱曾名蘭因合國．法志作萊因．學會圖稱萊尼普魯士是也．

哥羅尼亞

志畧又作可倫。圓球圖作科隆。萬國地志作穀龍。世界地學作哥倫。稱通比利時要道。地誌作卡倫。稱在來因河左岸。爲商業中心地。志畧稱其沿河傍山。值萬國圖科勃連士北方。上萊尼會城名。

谷鄰

志畧稱在萊尼河濱。下萊尼會城名。當距萬國圖洛蓮。西洋史要鹿林不遠。使德記作谷郎。稱爲下日耳曼都城。後歸布。卽洛遵也。普魯士東西八部。舊惟普魯士波森不入會盟。釋名謂上下萊尼。卽上下勒怒。志畧於法界弄河傍又重出。爲不可釋矣。

巴威也拉

志畧又作巴里。亦作拜焉爲大巴威拉。法志作波華魯亞。西洋史要作拔法里亞。俄史作排法利亞。通商條約作拜晏。地理問答作巴斐利亞。世界地誌作巴維亞尼亞。萬國圖作巴瓦里阿。又名比岸。

泰西新史作巴咗利亞。亦稱巴華連國。圓球圖作拜緋里阿。外國地理作俾耶龍王國，在列國中最大。值東南方。與奧接。近德人尚未盡刪其權。似即近史巴伊的路比稱。曾立大學。

慕尼克

志略又作門占。地理問答作門很。括地略作門楨。萬國圖作苗匿克。又名門悢。圓球圖作慕淂克。世界地誌作妙痕。地學作米由亨府。稱南部藝學最。外國地理作苗列希。近史作苗列巴威拉都城名。東北據曰蘭德收特、萬國圖作蘭宿特。曰勒根斯不佘厄萬國圖作里根士堡。地望又在北。最北則拜略特也。曰澳堡萬國圖作澳士堡學會圖作奧格斯不佘厄。人多造器。值多惱河南、郎西洋史要澳古士堡。曾開議會、格。河北城。萬國圖作安士巴克平方圖作紿斯波格。又北初造時辰表城。志略作尼林山。平方圖作尼林波格。學會圖作樂丁波格。全志作奴連伯。

瓦爾敦巴爾

志略又作威丁仙亦作味耳典伯西洋史要作哇忒白格括地略作威而顯白而額地理問答作倭盾伯世界地學稱烏墩堡地誌作瓦墩堡圓球圖作五耳臺母拜耳格俄史作華登薄格云曾出兵助法近史作烏丁布尒云路德爲其學校教授五洲圖考作味爾敦巴耳郎萬國圖華添勃使德記威登布希値巴威拉西方士爵亦山國

斯都德哥爾

志略又作突甲地理問答作斯都德嘎德疑即普奧壘戰沙睹窪萬國圖作士篤嘎世界地學作士達脫稱控農業中央萬國地志作斯太脫辯脫瓦爾敦都城名瓦爾敦即秦西新史烏吞柏稱其地農戶各有田與地學說合

薩克索尼亞

志略又作撒遜法志作撒孫西洋史要作撒喀沙尼近史作沙克疏尼萬國圖作撒森地理問答作

撒梭尼世界地誌作薩克遜。俄史作薩克生。地學稱索遜王國。云農工并盛。即秦西新史殺克生。外國地理稱詐古升王國者。在奧北。居列國適中地。一說路得生處。南界有五金山綿亘。

德勒斯達

志略又作德停。即連盟軍與拿破崙戰處西洋史要又作脫力士丁。即額司丹。萬國地志作特來斯滕。平方圖作德勒西達。地理問答作德勒斯頓萬國圖作德理士甸。圓球圖作得來斯登。世界地學作脫列士亭。地誌作德勒斯巔。俄史作達雷斯敦。外國地理作多叻士丁。稱出艮磁撒孫都城名建於易北河岸。北有小邑曰美參。學會圖作彌森。亦產磁。　別有國志略作光石。一名列支敦士敦。廣長不過百里在嘎比阿山中。今自主。

來比細克

學會圖作勒不士格。萬國圖作立披塞。萬國地志作里拍才聠。西洋史要作司貝埃。德帝開國會處。

平方圖作賴普西格世界地誌作拉普基哈稱有大學堂出書籍即志略來責稱每年售書得數百萬圓全志稱來伯劑克薩克索國屬邑值易北河西近史又作布拉克云有大學

亞諾威爾

志略又作漢那耳括地略作漢挪瓦俄史作哈那菲爾使德記作漢奴之萬國圖作漢諾法地理全志作哈諾威西洋史要作撒喀沙尼哈奴窪世界地誌作罕布爾哈圓球圖作海奴仆都城同國名值日耳曼西北與嗹接壤王爵昔王若耳治王英其國別立支子遂與英爲宗國泰西新史作漢洛非亦作漢諾非稱其地亦普奪於英

巴敦

志略又作巴丁郎西洋史要巴拉登內脫萬國圖巴登地理問答巴典俄史排盾值瓦爾敦西爲最大侯國 都城名加爾斯盧合志略又作甲利安地理問答作加勒斯路圓球圖作喀耳斯魯鐵路

中樞

挨塞

志略又作黑西。秦西新史作黑色，當即萬國圖黑生耽士撻、括地略黑辛達而來。學會圖黑森。在亞諾威爾西南、公爵。

達拉摩斯達

志略又作馬因，圓球圖作答母斯塔特，似即萬國圖圖耽士撻。挨塞都城名

挨塞加塞爾

志略又作黑西加塞爾、學會圖但作黑森。又作鄂貝尒黑森。與挨塞毘連。亦公爵。當即西洋史要駭賽加塞。括地略黑辛加習利。一名加塞尒者。都城曰加塞爾、即萬國圖卡悉耳。圓球圖喀賽爾。介維士發里之中。

來因巴威里

萬國圖稱爲近來因河巴瓦里阿學會圖作巴維也拉地小於巴威里在河西岸得多惱來因二河運輸之便會城曰眸尼去學會圖作梅尼士萬國圖作棉士又名馬膚士偭達尒摩士達西

梅喀稜不爾厄

志略又作墨林堡五洲圖考作梅稜蒲爾括地略作模令布而額圓球圖作邁格倫抔克即萬國圖麥連堡俄史麥格倫弗志略稱其國有二在北方北近波羅海灣萬國地志謂之兩梅克林堡

斯乖零

萬國圖作什瓦林都城名同志略稱爲梅咯稜一國爵如上公即使德記梅令布希水林一作施微啉者在西南

斯德勒利也斯

學會圖作紐斯德勒利也斯萬國圖作麥連堡士特里勒士括地略作模令布而額錫特利使德記作梅令布希錫特利于在東北志略稱爲梅咯稜又一國爵如上公　都城曰痾爾敦不爾北郎士特拉耳舜西洋史要作司脫拉孫會城同名俄史作斯德拉散學會圖作斯特拉介松德并羅士篤威士馬二城均臨北海望瑞丹瑞典王曾敗於司脫拉孫

威馬爾

使德記作薩孫外邁生那志略又作威密萬國地志作會瑪介五洲圖考作薩克撒威馬爾括地略分作撒遜外抹艾生納萬國圖作威馬本薩克索封祖國地望錯雜列國內爵如上公都城同名

薩克撒各不爾厄額達

志略又作撒可堡亦作撒丁堡使德記作薩孫可部固代括地略作撒遜各部而額大五洲圖考作薩克撒各蒲爾額達萬國圖作撒森科堡戈塔西洋史要作索克塞科白耳克比人曾迎其公爲王

亦薩克索所分錯居列國公爵都城曰各不爾
厄當即萬國圖戈塔圓球圖果塔西北即伊西那
克城

薩克撒亞爾敦不爾厄

志略又作撒黑堡屋西洋史要作奧古士典白耳
克堡墟略作阿尒敦教布尒額學會圖作鄂尒敦波
格五洲圖考作痾爾敦蒲爾萬國圖作俄耳登堡
都城同國名薩克索所分公爵北臨北海志略稱
合三邑成國異同莫核此國西北臨海灣城萬
國圖作唵登學會圖作英姆敦使德記作奧登布
希大公邦圓球圖作奧登抔克東南傍威薩河
城學會圖作門丹萬國圖作民登西洋史要作門
丁

薩克撒梅凝認

志略又作撒買凝五洲圖考作薩克撒梅凝圓球
圖作麻愛甯珍萬國圖作麥甯根都城同名亦薩

所分公爵郎括地略撒遜麥甯恩在中土

薩克撒亞爾丁蒲爾

學會圖作亞尒敦不尒厄萬國圖作阿耳田堡使德記作薩孫阿廷布希公爵郎西洋史要威田堡括地略撒遜阿里廷部而額法志蒲典堡在中土都城同名值梅凝認東北

挨塞烘不爾厄

志略又作黑堡括地略作黑辛昂布爾萬國圖作抹西堡學會圖作黑西波格值威馬北亦薩所分

尙有地曰美塞內

英爵如伯在中土

拿搔

志略又作拿掃萬國圖作黑生那捎括地略作努搽圓球圖作訥掃秦西新史作惱掃公爵國人逐荷蘭酋而得之都城名維斯巴敦學會圖作威斯巴登圓球圖作斐斯巴登西近來因河

不倫瑞克

志略又作保林帥俄志作勃倫斯味格使德記作
白侖丁裒格西洋史要作白羅士維克亦作白倫
斯威克萬國圖作勃倫士維克或勃郎士維克圓
球圖作白侖斯蔚克公爵其境有包於普魯士及
亞諾威爾者括地略又
作布倫帥額稱侯爵

安拿爾

志略又作安合近史作安巴尒云新教徒曾推爲
盟主郎使德記安好尒得括地略安阿而得萬國
圖安哈耳特值不倫瑞克東南分三國均公爵作
一曰德搔郎萬國圖迭摸錯雜列國內括地略作
疊揣一曰伯爾尼一不爾括地略作比尒尼布而
額雜普魯士境內一曰喀藪分四處居黑哩巴
河左右郎括地略郭定
一作安阿而得郭定者

留斯

志略又作策士萬國圖作祿士分三國值五金山北一曰喀勒斯侯爵東北郎萬國圖黜匿士世界地誌黑母黎芝學會圖撒姆尼斯一曰意士給利斯侯爵郎學會圖吉拉一曰羅奔斯的音侯爵當郎五洲圖考長留斯仲留斯等名括地略稱爲大小支派各洛斯萬國地志魯斯兄弟統也釋名末晰

斯瓜爾其斯不爾

郎斯瓦爾斯蒲爾萬國地志作先克斯近史作士哇北亞志略稱分二國一曰盧德耳斯達萬國圖作什哇士堡魯多耳士撻括地略作實瓦士部而魯德司達一曰孫德耳砂森萬國圖作什哇士堡孫達厚生五洲圖考作孫德耳斯痾森括地略作實瓦士部而孫德而士好遜使德記作實字部尒孫特好生都城均同名志略稱包普魯士境內爵如侯值五金山北

里粵

志畧又作立北使德記作立貝萬國地志作立拍
萬國圖作力披迭摩耳特括地畧作此而孟地一
名勒必海摩耳志畧稱有二國均
係爵僮威薩河西亞諾威爾南

里卑胸爾

志畧作燒問不尒厄係爵全志作部堡里卑值威
薩河東以地望準之當即萬國地志肖母堡立拍
萬國圖什唵堡力披都城曰不給
堡即志畧不給不尒厄值里卑北

襪爾德哈

志畧又作瓦得萬國圖作窩耳的克使德記作瓦
尒代克括地畧作宜得克五洲圖考作瓦爾德克
係爵僮威薩河西都城曰
哥爾巴士錯居維士德發中

何痕索勒爾

西距巴登隔黑林山志畧又作素林全志作租恨
所倫萬國圖作荷恩索耳倫使德記作荷懷士

分二國。一曰昔麻認學會圖作昔格英堅。一曰挨
深認。郎挨琛堅。皆普主支庶。均侯國。　以上爲舊
日耳曼
列國。

昂不爾厄

卽昂蒲爾。括地略作昂布而士。全志作罕伯萬國
圖作咸堡。使德記作漢布克。亦作旱堡。世界地學
作漢堡。北臨英。値易北河畔。爲自由市。貿易要港
外國地理作哈末布路希府。志略稱不隸王。侯小
國會城。在易北河口。不出名。據萬國圖。河口有阿
耳掩納。乃阿透那部東地。　又南隔河。郎魯尼堡
學會圖作
盧尼波格。

不來梅

志略又作北閔。括地略作伯磊門。俄史作儆爾門。
云初爲瑞地。郎不來緬。萬國圖作伯里門。圜球圖
作伯來門。漢文圖作伯羅門。世界地誌作布勒們。
地學作布列明。外國地理作布叻明自由市。辭爲

北海要港。有郵船公司。亦不隸王侯小國。包漢諾法境內。通商在威薩河濱。船至粵東。首城同名。

佛郞克佛爾

括地略作佛郞法。圓球圖作夫蘭克仆特。志略又作佛郞渡屬諸北境五小國。稱其地不相聯。城臨河。萬國圖作法蘭搏。繪諸黑生耽士撻界內。釋名亦屬黑西。與萬國圖同。泰西新史作翻覆。云普敗奧後。收爲己有。或卽學會圖上中法頊丹。萬國興亡史佛蘭克古族。

盧卑咯

志略又作利比。括地略作律百克。萬國地志作魯勃克。法志作魯伯克。云普昔敗法處。俄史作魯別克。五洲圖考作盧卑克。西洋史要作溜背克。亦作羅倍克。德敗丹麥。議相處。萬國圖作魯壁克。圓球圖作魯拜克。北境小國。瀕波羅的海。地不相聯。卽泰西新史劉克。云法王曾以予其長姊。亦要埠。

尼發深

亦北境小國疑卽萬國圖勃里麻哈芬泰西新史又稱日小國有西法蓮未審誰是 以上爲舊不屬王五小國

來布其府

世界地學稱在獨逸北部大學以科學著名泰西新史作雷劈細又作累蒲西云俄普合兵戰法處西洋史要作雷普智黑又作勒普齊路德爭論處外國地理作叻布切希稱爲商工業極盛處有著名大學校各圖未顯似卽來比

細克上文司貝埃乃另一地

溪耳

學會圖作奇厄尒灣名同卽萬國圖其耳地球韻言稱在波羅的輿日耳曼海口漢勃中間相隔長六十二西里德人就舊運河開濬深廣聯海軍爲一氣漢勃當卽咸堡運河當名維廉

斯勒斯維西

萬國圖作什里士威克學會圖作石勒蘇益格。全志作斯拉斯惟吳斯敦。俄史作悉力司未克使德記作式倫瑞希。西洋史要作司委士維克泰西新史作髭癩私肥。同治三年。普奧合兵代丹馬。割此省。至五年。敗奧於沙賭窪。遂與庫斯旦省并歸普。庫斯旦。即萬國圖荷耳士甸。在南。泰西新史火司天。俄史好斯巔。西洋史要窪斯丁。一作荷兒斯丁者。均臨北海。互見嗹國。

亞爾撒斯

即奧而塞斯省。西洋史要作亞爾塞斯。世界地學作阿爾薩士。近史作亞尒沙斯亞地球韻言作奧賽斯。德取於法。要地。即泰西新史雅灑司。法志亞薩斯。値巴敦西方。

麥滋

萬國圖作麥士。西洋史要作美支。法將巴善被陷處。一作墨特斯。平方圖作美的。西征紀程作英美利支。在來因河西岸。亞爾撒斯重城名。即近史蔑諸。全志末德斯。

羅勒內

即鹿林省。學會圖作羅測林根。世界地學作路林。萬國地志作阿尒赦斯羅亞倫。與亡史作羅廉。使德記作愛爾賽士洛脫零恩。地誌作愛爾薩斯洛倫地球韻言作緑林。即萬國圖洛連。全志勞來因省在來因河西岸。亦德取於法。要地。秦西新史作羅來因府。法志作羅萊內。即下萊尼。見上。或德取自法。置爲會城。與亡史又作羅列音。

斯特拉士堡

西洋史要作司脫辣士白格。云曾爲法奪去。萬國圖作士剔拉士世界地誌作斯脫拉士。平方圖作斯達拉不尒厄。羅勒內重城。名亦號首府。鄰法。與瑞士爲外交重地。德人與麥滋均以京都大臣管轄。

附島

東斐里西阿諸島

學會圖作東佛里斯蘭。全志作東西佛利羣島。與和蘭毗連、正臨延姆斯河口。其波羅的海岸中央大島全志作呂根。學會圖作魯根。卽萬國圖留根。

黑耳郭蘭小島

萬國地志作海利喎倫持。全志稱海立哥蘭小石島距厄耳白河口三十里、本英領地。近以非州屬地易得。

附全四册目録